LETERRIER.

CORRIGÉ
DE
LA PRAXIGRAPHIE.

X

CORRIGÉ
DE LA PRAXIGRAPHIE,
OU
RECUEIL D'EXERCICES
DANS UN NOUVEAU GENRE,

POUR ENSEIGNER OU POUR APPRENDRE PAR LA PRATIQUE
LES RÈGLES DE LA GRAMMAIRE ET L'ORTHOGRAPHE;

Ouvrage spécialement destiné aux Commençans et adapté
à toutes les Grammaires élémentaires.

PAR M. LETERRIER, PROFESSEUR.

PARIS,

DE L'IMPRIMERIE D'AUGUSTE DELALAIN,
LIBRAIRE-ÉDITEUR, rue des Mathurins-St.-Jacques, n° 5.

M DCCC XXXI.

Toute contrefaçon de cet Ouvrage sera poursuivie conformément aux lois.

Toutes mes Éditions sont revêtues de ma griffe.

Auguste Delalain

PRÉFACE
DE LA PRAXIGRAPHIE.

Le livre que nous offrons au public est spécialement destiné à l'enfance. Il diffère entièrement de tous les ouvrages qui ont paru jusqu'à ce jour sur le même sujet, et par le plan, et par la variété des exercices, et par le procédé qu'il met en usage.

Il peut servir aux maîtres de recueil de dictées; il peut aussi être mis entre les mains des enfans et leur servir de cours pratique d'Orthographe; il peut même les dispenser d'une grammaire.

On demande souvent s'il ne serait pas possible de renfermer en quelques pages les connaissances grammaticales nécessaires aux commençans. Nous espérons que le Précis de Grammaire qui se trouve en tête de la *Praxigraphie* répondra à ce vœu, et qu'avec les règles qui sont répandues dans le corps de l'ouvrage, elle suffira aux élèves pendant un an ou deux.

Quelques auteurs n'approuvent pas la méthode des cacographies. Sans vouloir ici discuter une opinion vers laquelle nous penchons, nous nous contenterons de faire observer que la première partie de notre ouvrage n'a aucun rapport avec le *cacographisme*, et que dans la seconde nous avons évité le grave inconvénient de l'addition des lettres inutiles. Or, c'est moins l'absence des lettres nécessaires, que la présence des lettres inutiles qui induit l'élève en erreur, et habitue son œil et son esprit à une orthographe incorrecte.

PRÉFACE.

Nous avons eu soin de choisir des phrases proportionnées à l'intelligence des enfans : les premiers exercices surtout ne contiennent que des mots d'un usage journalier. Les personnes qui ont l'expérience de l'enseignement savent bien que, sous peine de voir les élèves hérisser leurs copies de fautes, même avec une parfaite connaissance des règles, on ne doit leur donner que des dictées dont le sens soit facile à saisir. Nous avons donc généralement rejeté toutes les phrases à ellipses, à inversions, celles qui cachent un sens trop profond, ou dont la construction s'écarte trop de l'ordre naturel, ou dont enfin l'extrême longueur exige du jeune âge une attention qu'il ne peut supporter.

Au reste, nous n'avons pas eu la prétention de faire un livre savant. La méthode praxigraphique a été employée dans plusieurs maisons d'éducation : les fruits qu'elle a produits ont prouvé qu'elle pouvait être de quelque utilité. C'en était assez pour que nous en fissions hommage aux maîtres et aux élèves.

PRAXIGRAPHIE.

PREMIÈRE PARTIE.

EXERCICES SUR LA FORMATION DU PLURIEL DANS LES NOMS ET LES ADJECTIFS.

RÈGLE GÉNÉRALE. *On forme le pluriel des noms et des adjectifs, en ajoutant une s au singulier. Ex.*: le père indulgent, *plur.* les pères indulgens.

On voit que l'adjectif prend le nombre du nom auquel il se rapporte. Il en prend également le genre, c'est-à-dire que si le nom est du masculin, l'adjectif se met au masculin: s'il est du féminin, l'adjectif prend la terminaison féminine qui se marque généralement par un e muet.

I.

Les bâtons.
Les villages.
Les fusils.
Les rivages.
Les dragons.
Les pieds.
Les mûriers.
Les desseins.
Les projets.
Les noms.
Les verbes.
Les songes
Les thêmes.

Les rois.
Les professeurs.
Les tours.
Les bouvreuils.
Les moyens.
Les carrosses.
Les lévriers.
Les parfums.
Les cousins.
Les frères.
Les mots.
Les crânes.
Les momens.

Les trônes.
Les diadèmes.
Les saumons.
Les bœufs.
Les devins.
Les boulangers.

Les monumens.
Les vols.
Les cachets.
Les moutons.
Les canons.
Les meuniers.

II.

Les glaces.
Les vaches.
Les lampes.
Les courroies.
Les bêtes.
Les cavernes.
Les fermes.
Les louanges.
Les cabanes.
Les miettes.
Les sources.
Les sœurs.
Les figures.
Les phrases.
Les bourses.
Les prières.
Les révolutions.
Les légions.
Les méthodes.
Les frangipanes.

Les places.
Les grenades.
Les vignes.
Les villes.
Les plantes.
Les grottes.
Les métairies.
Les chaumières.
Les cheminées.
Les cérémonies.
Les solitudes.
Les dettes.
Les syllabes.
Les femmes.
Les scies.
Les planches.
Les provinces.
Les bouteilles.
Les croisées.
Les brioches.

III.

Les chênes.
Les secrets.
Les œufs.
Les honneurs.
Les philosophes.
Les almanachs.
Les officiers.
Les herbes.
Les estampes.

Les cercles.
Les allumettes.
Les erreurs.
Les malfaiteurs.
Les devins.
Les paniers.
Les exploits.
Les porcs.
Les œillets.

Les tubéreuses.
Les anges.
Les limes.
Les écoles.
Les amusemens.
Les colonies.
Les armoires.
Les leçons.
Les billes.
Les poisons.

Les mélanges.
Les tourneurs.
Les vers.
Les mâchoires.
Les vents.
Les manies.
Les causes.
Les globules.
Les ruses.
Les prisons.

IV.

Les pères sont bons.
Les mères sont indulgentes.
Les enfans sont gais.
Les frères sont aimés.
Les sœurs sont bonnes.
Les écoliers sont légers.
Les tables sont rondes.
Les cahiers sont propres.
Les devoirs sont achevés.
Les plumes sont mauvaises.
Les pupitres sont noirs.
Les livres sont utiles.
Les ouvrages sont terminés.
Les maîtres sont patiens.
Les disciples sont attentifs.
Les classes sont nombreuses.
Les leçons sont récitées.
Les poudriers sont renversés.
Les chambres sont chaudes.
Les appartemens sont éclairés.
Ces vieillards sont respectables.
Ces voyageurs sont fatigués.
Les étoiles sont brillantes.

V.

Les rochers sont escarpés.
Les peuples sont inconstans.

PRAXIGRAPHIE.

Les marbres sont polis.
Les murs sont construits.
Les murailles sont ébranlées.
Les maisons sont commodes.
Les montagnes sont hautes.
Les précipices sont effrayans.
Les horloges sont arrêtées.
Les soldats sont vainqueurs.
Les capitaines sont intrépides.
Les armées sont victorieuses.
Les fleuves sont rapides.
Les olives sont âcres.
Les pasteurs sont vénérés.
Les routes sont tracées.
Les crimes sont prouvés.
Les guerres sont funestes.
Les moissons sont abondantes.
Les lyres sont harmonieuses.
Les cors sont retentissans.
Les myrthes sont odoriférans.
Les médecins sont habiles.
Les charrues sont lourdes.

VI.

Les aigles sont voraces.
Les chiens sont caressans.
Les chats sont perfides.
Les renards sont rusés.
Les mulets sont entêtés.
Les loups sont féroces.
Les tigres sont cruels.
Les abeilles sont laborieuses.
Les coqs sont vigilans.
Les éléphans sont intelligens.
Les singes sont imitateurs.
Les lions sont magnanimes.
Les fourmis sont industrieuses.
Les bœufs sont robustes.

Les jardins sont cultivés.
Les feuilles sont vertes.
Les rosiers sont fleuris.
Les poires sont mûres.
Les pommes sont acides.
Les prunes sont fiévreuses.
Les cerises sont rafraîchissantes.
Les pêches sont froides.
Les raisins sont verts.
Les ânes sont sobres.

VII.

Les figues sont sucrées.
Les noisettes sont savoureuses.
Les nèfles sont tendres.
Les framboises sont rouges.
Les amandiers sont délicats.
Les habits sont nécessaires.
Les fruits sont cueillis.
Les arbres sont touffus.
Les écoliers sont dissipés.
Les hommes sont raisonnables.
Les matinées sont fraîches.
Les prairies sont humides.
Les cours sont vastes.
Les estrades sont élevées.
Les rames sont plates.
Les lièvres sont craintifs.
Les paons sont vains.
Les haies sont plantées.
Les jusquiames sont vénéneuses.
Ces marchands sont honnêtes.
Les nouvelles sont vraisemblables.
Les girafes sont tachetées.
Les joueurs sont ruinés.
Les princes sont bienfaisans.

EXCEPTIONS A LA RÈGLE GÉNÉRALE DE LA FORMATION DU PLURIEL.

Première exception. *Les noms et les adjectifs terminés au singulier par* s, x, z, *n'ajoutent rien au pluriel.*

I.

Les succès sont douteux.
Les excès sont condamnables.
Ces propos sont inconsidérés.
Les engrais sont mauvais.
Les fils sont soumis.
Les procès sont perdus.
Les draps sont gris.
Ces nuages sont épais.
Les avis sont judicieux.
Les palais sont spacieux.
Les époux sont jaloux.
Les soldats sont belliqueux.
Les luths sont harmonieux.
Les os sont fracturés.
Les héros sont invincibles.
Les nez sont camus.
Les abcès sont crevés.
Les progrès sont sensibles.
Ces tapis sont vieux.
Les abus sont crians.
Les refus sont motivés.
Les malades sont perclus.

II.

Les ermites sont reclus.
Ces gueux sont dangereux.
Les dervis sont charitables.
Les repas sont somptueux.
Les bras sont nerveux.
Les puits sont comblés.

Les croix sont élevées.
Les velours sont soyeux.
Les noix sont huileuses.
Les ananas sont exquis.
Ces tissus sont moëlleux.
Les perdrix sont timides.
Les houx sont lisses.
Les lambris sont dorés.
Les chasselas sont sucrés.
Les bœufs sont gras.
Ces chiens sont hargneux.
Les bâtons sont noueux.
Les congrès sont dissous.
Les terrains sont pierreux.
Ces gaz sont méphitiques.
Les marais sont pestilentiels.

III.

Les ours sont solitaires.
Les lynx sont mouchetés.
Les sols sont fangeux.
Ces jais sont compacts.
Les gazons sont frais.
Les rubis sont précieux.
Les Français sont braves.
Les dez sont faux.
Ces discours sont insidieux.
Ces pays sont montueux.
Ces taillis sont épais.
Les salsifix sont laiteux.
Les panais sont nourrissans.
Les Polonais sont intrépides.
Les legs sont considérables.
Ces laquais sont effrontés.
Les angles sont obtus.
Les cadenas sont fermés.
Les canevas sont bâtis.
Les Eskimaux sont barbares.

DEUXIÈME EXCEPTION. *Les noms en* au *et en* eu *prennent une* x *au pluriel. Parmi les noms en* ou, *les suivans forment aussi leur pluriel avec une* x : caillou, chou, genou, hibou, pou, joujou, glou-glou.

REMARQUE. *Excepté* bleu *et* feu, *tous les adjectifs en* eu *sont terminés par une* x, *au singulier comme au pluriel. Ajoutez-y* faux, *ainsi que* doux, jaloux *et* roux *les seuls adjectifs en* oux.

I.

Les anneaux.	Les baleineaux.
Les arbrisseaux.	Les bandeaux.
Les baliveaux.	Les bardeaux.
Les barreaux.	Les bedeaux.
Les berceaux.	Les bigarreaux.
Les blaireaux.	Les bordereaux.
Les bourreaux.	Les boyaux.
Les bureaux.	Les cadeaux.
Les carreaux.	Les cerceaux.
Les chalumeaux.	Les chaîneaux.
Les chapiteaux.	Les chevreaux.
Les ciseaux.	Les copeaux.
Les cordeaux.	Les côteaux.
Les créneaux.	Les fléaux.
Les fourneaux.	Les fourreaux.
Les fricandeaux.	Les fuseaux.
Les gluaux.	Les liteaux.
Les marteaux.	Les morceaux.
Les museaux.	Les passereaux.
Les perdreaux.	Les pinceaux.
Les sarraux.	Les truaux.

II.

Les adieux.	Les caïeux.
Les désaveux.	Les enjeux.
Les feux.	Les Hébreux.
Les milieux.	Les moyeux.

Les vœux.
Les cheveux.
Les neveux.
Les hiboux.
Les joujoux.
Les cailloux.
Les genoux.
Les poteaux.
Les souriceaux.
Les tombeaux.
Les Tourangeaux.
Les troupeaux.
Les vermisseaux.
Les pigeonneaux.

Les lieux.
Les pieux.
Les aveux.
Les poux.
Les glougloux.
Les choux.
Les traîneaux.
Les ormeaux.
Les soliveaux.
Les tombereaux.
Les traîneaux.
Les tuileaux.
Les vipereaux.
Les rameaux.

III.

Ces tableaux sont nouveaux.
Ces joyaux sont beaux.
Les aloyaux sont succulens.
Les tréteaux sont solides.
Les pieux sont pointus.
Les jeux sont agréables.
Les séaux sont de douze pintes.
Ces joujoux sont jolis.
Les tonneaux sont pleins.
Les vœux sont téméraires.
Ces bijoux sont faux.
Les manteaux sont chauds.
Les aveux sont tardifs.
Les vaisseaux sont rapides.
Les couteaux sont tranchans.
Les étaux sont serrés.
Ces rideaux sont bleus.
Les genoux sont souples.
Les poireaux sont bulbeux.
Les roseaux sont plians.
Les bouleaux sont flexibles.
Les choux sont indigestes.
Les chameaux sont bossus.

PRAXIGRAPHIE.

IV.

Les agneaux sont doux.
Les taureaux sont farouches.
Les hiboux sont tristes.
Les louveteaux sont méchans.
Les unaux sont paresseux.
Les cailloux sont durs.
Les coucous sont désagréables.
Ces rondeaux sont chantans.
Les trous sont profonds.
Les bambous sont flexibles.
Les pruneaux sont sains.
Les clous sont pointus.
Les coulicous sont des espèces de coucous.
Les poux sont sales.
Ces lapereaux sont tendres.
Ces fous sont dangereux.
Ces filoux sont adroits.
Les noyaux sont cassés.
Les tuyaux sont creux.
Les bateaux sont construits.
Les sapajous sont des espèces de singes.
Les pambous sont des serpens des Indes.

V.

Ces matous sont traîtres.
Les sous sont ronds.
Les grumeaux sont épais.
Les châteaux sont beaux.
Ces lieux sont fameux.
Les essieux sont rompus.
Les corbeaux sont carnivores.
Ces licous sont trop courts.
Ces cheveux sont roux.
Les verrous sont rouillés.
Mes neveux sont jaloux.
Les hameaux sont bien situés.

Les flambeaux sont éteints.
Les barbeaux sont recherchés.
Les caveaux sont humides.
Les hoyaux sont pesans.
Les ruisseaux sont taris.
Les vaisseaux sont lancés.
Les gâteaux sont mangés.
Les cerveaux sont mous.

TROISIÈME EXCEPTION. *Les noms en* al, *et la plupart des adjectifs qui ont cette terminaison font le pluriel en* aux. *Il faut excepter, parmi les noms,* carnaval, régal, chacal, narval, nopal, cal, pal, *qui forment le pluriel par* s, *et, parmi les adjectifs,* théatral, fatal, final, glacial, nasal, matinal, *etc., qui suivent également la régle générale* (1).

Quelques noms en ail *changent* ail *en* aux : *ce sont* émail, corail, bail, travail, soupirail, vantail, vitrail.

I.

Les coraux sont rouges.
Les cristaux sont blancs.
Les émaux sont transparens.
Les chevaux sont belliqueux.
Les amiraux sont loyaux.
Les généraux sont courageux.
Les travaux sont fructueux.
Les procès-verbaux sont dressés.
Les arsenaux sont bien munis.
Les bocaux sont fragiles.
Les maux sont invétérés.

---

(1) Plusieurs adjectifs en *al* n'ont pas de pluriel masculin, parce qu'ils ne se joignent au pluriel qu'à des noms féminins. Tels sont *diagonal, diamétral, expérimental, instrumental, médicinal*, etc. *Vocal* est employé au pluriel masculin par plusieurs grammairiens : *Des effets vocaux.*

Les péchés sont capitaux.
Les tribunaux sont impartiaux.
Ces verbes sont anomaux.
Les cardinaux sont bienfaisans.
Les paysans sont brutaux.
Les comptes sont égaux.
Les fanaux sont allumés.
Les soupiraux sont petits.
Les jours sont inégaux.
Les locaux sont spacieux.
Les baux sont onéreux.

II.

Les carnavals sont amusans.
Les hôpitaux sont l'asile du pauvre.
Ces provençaux sont vifs.
Les effets sont théâtrals.
Ces madrigaux sont bien tournés.
Les signaux sont donnés.
Les rivaux sont supplantés.
Les instans sont fatals.
Les cordiaux sont restaurans.
Ces maréchaux sont maladroits.
Ces sons finals sont nasals.
Les vents sont glacials.
Les journaux sont mal rédigés.
Ces contes sont moraux.
Les nopals sont épineux.
Les princes sont libéraux.
Les métaux sont fondus.
Ces mots sont trivials.
Les vassaux sont soumis.
Les régals sont splendides.
Les canaux sont nettoyés.
Ces épouvantails sont inutiles.

III.

Ces détails sont fatigans.
Les étaux sont bien placés.
Les vantaux sont ouverts.
Les chacals sont carnassiers.
Les manuscrits sont originaux.
Les principaux sont indulgens.
Ces portails sont magnifiques.
Les narvals sont redoutables.
Les combats navals sont horribles.
Les quintaux sont de cent livres.
Les juges sont impartiaux.
Ces tours sont grammaticaux.
Les cierges pascals sont brûlés.
Ces adjectifs sont numéraux.
Les cals sont gênans.
Ces sirops sont pectoraux.
Les gouvernails sont brisés.
Les soupiraux sont petits.
Les éventails sont montés.
Les baux sont résiliés.
Ces travaux sont fastidieux.
Les coups sont fatals.
Les corporaux sont blancs.
Ces attirails sont gênans.

PLURIELS À REMARQUER.

Ail *fait au pluriel* aulx ; bétail *emprunte son pluriel de l'adjectif* bestial *et fait* bestiaux ; travail *suit la règle générale et fait au pluriel* travails, *quand il désigne ou une machine avec laquelle les maréchaux ferrent les chevaux vicieux, ou un compte rendu par un inférieur à son chef.* Aïeul, *qui signifie le grand-père paternel ou le grand-père maternel, fait* aïeuls : *il ne faut pas confondre ce dernier mot avec* aïeux, *qui veut dire ancêtres.* Ciel, œil, *font* cieux, yeux, *excepté dans les expressions* les ciels de tableaux, les ciels de carrière, les œils-de-bœuf, les œils de la soupe, les œils de fromage (1).

Les cieux sont azurés.
Les bestiaux sont nombreux.
Les aulx sont mangés.
Mes aïeux sont vieux.
Les ciels de lit sont passés.
Les travails du commis sont exacts.
Ces œils de soupe sont grands.
Les ciels de la carrière sont humides.
Les travails du maréchal sont solides.
Mes aïeux sont vieux.
Les travails du ministre sont présentés au roi.
Ces ciels de tableau sont naturels.
Ces œils de fromage sont petits.

RÉCAPITULATION SUR LES PLURIELS.

I.

Les coucous sont ennuyeux et désagréables.
Les journaux sont injustes et partiaux.
Les pères sont doux et indulgens.
Les fils sont obéissans et respectueux.
Les locaux sont vastes et spacieux.
Ces palais sont beaux et riches.
Ces madrigaux sont fins et spirituels.
Les clous sont ronds ou carrés.
Les cieux sont nuageux et orageux.
Les bois sont poreux et combustibles.
Les procès sont longs et ruineux.
Mes aïeuls sont vieux et cassés.
Les tribunaux sont équitables et impartiaux.

---

(1) *Ciels.* s'emploie encore au pluriel pour signifier *climat* : *Il y a peu de ciels aussi beaux que le Brésil.*

Ces mots sont bas et triviaux.
Les choux sont lourds et indigestes.

II.

Les chamois sont légers, méfians et peureux.
Les renards sont fins, rusés et sournois.
Les loups sont grossiers, poltrons et infatigables.
Les urnaux sont lents, paresseux et lourds.
Les chiens sont fidèles, vigilans et courageux.
Les lions sont fiers, magnanimes et généreux.
Les chacals sont féroces, ombrageux et impétueux.
Les chats sont traîtres, perfides et soupçonneux.
Les ânes sont sobres, patiens et entêtés.
Les chevaux sont vifs, fougueux et impatiens.
Les brebis sont faibles, stupides et craintives.
Les éléphans sont reconnaissans, dociles et intelligens.
Les cerfs sont sveltes, souples et nerveux.
Les chevreuils sont gracieux, lestes et dispos.
Les blaireaux sont solitaires, défians et paresseux.
Les moineaux sont hardis, incommodes et destructeurs.
Les poux sont laids, hideux et dégoûtans.
Les coucous sont carnivores et voraces.
Les sapajous sont audacieux, fripons et voleurs.

III.

Les sapins sont blancs, élevés et résineux.
Les lapis sont bleus, cassans et vitreux.
Les aulx sont forts, odorans et toniques.
Les ciels de la carrière sont humides et malsains.
Les yeux sont noirs, ou bleus, ou gris.
Les travails du secrétaire sont longs et diffus.
Ces bestiaux sont beaux, gras et bien nourris.
Les ciels de ces tapisseries sont sombres.
Les travails du maréchal sont bons pour les chevaux vicieux.
Les généraux sont libéraux, loyaux et courageux.
Ces velours sont chauds, doux et soyeux.
Les trous sont creux, larges et profonds.

Ces détails sont longs, diffus et fastidieux.
Les adjectifs numéraux sont cardinaux ou ordinaux.

IV.

On peut réduire les oiseaux à six familles principales. La première contient ceux qui ont le bec courbé et les ongles crochus, comme *les aigles, les condors, les faucons, les gerfauts, les hiboux, les chats-huants, les ducs, les milans, les laniers, les hobereaux, les vautours, les éperviers, les coucous,* et même *les corbeaux* et *les pies-grièches.*

La seconde famille comprend les oiseaux à bec de pie, comme *les corbeaux, les corneilles, les pies, les geais, les huppes, les loriots, les étourneaux* et *les merles.*

La troisième contient les oiseaux qui fréquentent le bord des rivières et les rivages de la mer, et qui volent autour de cet élément pour y trouver du poisson dont ils font leur nourriture et qui cependant ne nagent pas, comme *les hérons, les grues, les flamands, les butors, les cigognes, les courlis, les vanneaux, les pluviers* et *les chevaliers.*

V.

La quatrième famille d'oiseaux renferme les oiseaux aquatiques par excellence, tels que *les pélicans, les palettes, les cygnes, les oies, les canards, les morillons, les cormorans, les foulques.*

La cinquième famille comprend ceux qui n'ont pas d'habitation fixe et qui vont indifféremment dans les taillis, dans les buissons, dans les guérets et dans les haies, comme *les pigeons, les colombes, les tourterelles, les pinsons, les alouettes, les chardonnerets, les verdiers, les serins, les ortolans, les linottes, les bergeronettes, les bruants, les fauvettes, les moineaux, les tarins, les bouvreuils, les colibris, les oiseaux-mouches,* etc.

La sixième et dernière famille contient les oiseaux du genre des poules, comme *les paons, les coqs* d'Inde, *les coqs privés, les faisans, les perdrix, les gelinottes, les pintades, les dindons,* etc.

Enfin l'on pourrait encore faire un genre d'oiseaux terrestres dans lequel on comprendrait ceux qui sont d'une énorme grandeur, et qui ont des ailes propres à voler, comme *les kamichis*, *les autruches*, *les émeux* ou *casoars*, et *les dodos*.

EXERCICES SUR LA FORMATION DU FÉMININ DANS LES ADJECTIFS.

RÈGLE GÉNÉRALE. *On forme le féminin dans les adjectifs en ajoutant un e muet au masculin, à moins que le masculin ne soit déjà terminé par un e muet.*

I.

Cette personne est obligeante.
Cette personne est bienfaisante.
Cette personne est polie.
Cette personne est honnête.
Cette personne est serviable.
Cette personne est libérale.
Cette personne est loyale.
Cette personne est sensée.
Cette personne est circonspecte.
Cette personne est réfléchie.
Cette personne est diligente.
Cette personne est prompte.
Cette personne est adroite.
Cette personne est prudente.
Cette personne est habile.
Cette personne est estimable.
Cette personne est bienveillante.
Cette personne est aimée.
Cette personne est chérie.
Cette personne est indulgente.
Cette personne est respectée.

II.

Cette personne est désagréable.

Cette personne est exigeante.
Cette personne est haïe.
Cette personne est dissimulée.
Cette personne est bizarre.
Cette personne est fantasque.
Cette personne est négligente.
Cette personne est détestée.
Cette personne est médisante.
Cette personne est inconséquente.
Cette personne est emportée.
Cette personne est arrogante.
Cette personne est hautaine.
Cette personne est fière.
Cette personne est altière.
Cette personne est violente.
Cette personne est colérique.
Cette personne est versatile.
Cette personne est imprudente.
Cette personne est méchante.
Cette personne est vilaine.
Cette personne est laide.
Cette personne est inhumaine.
Cette personne est niaise.
Cette personne est fainéante.
Cette personne est indolente.

III.

Cette personne est humaine.
Cette personne est distraite.
Cette personne est partiale.
Cette personne est impudente.
Cette personne est gaie.
Cette personne est droite.
Cette personne est décidée.
Cette personne est zélée.
Cette personne est retenue.
Cette personne est soumise.
Cette personne est chagrine.

Cette personne est rampante.
Cette personne est réservée.
Cette personne est complaisante.
Cette personne est négligente.
Cette personne est entêtée.
Cette personne est trompée.
Cette personne est affligée.
Cette personne est entendue.
Cette personne est têtue.
Cette personne est tourmentée.
Cette personne est attendrie.
Cette personne est abattue.

EXCEPTIONS A LA RÈGLE GÉNÉRALE DE LA FORMATION DU FÉMININ DANS LES ADJECTIFS.

Première exception. *Les adjectifs en* eil, el, ul, ien, on, *et la plupart de ceux qui sont terminés par* et *doublent au féminin la dernière consonne.*

Ajoutez-y bas, gras, las, gros, profès, exprès, épais, *qui font* basse, grasse, lasse, grosse, professe, expresse; sot, vieillot, *qui font* sotte, vieillotte; gentil *qui fait* gentille; beau, nouveau, fou, mou, *qui font* belle, nouvelle, folle, molle. *Le féminin de ces quatre derniers adjectifs vient du masculin* bel, nouvel, fol, mol, *qu'on emploie devant une voyelle ou une* h *muette.*

Nulle.	Vermeille.
Spirituelle.	Bonne.
Formelle.	Sujette.
Mutuelle.	Casuelle.
Solennelle.	Coquette.
Musicienne.	Mienne.
Gentille.	Sienne.
Originelle.	Tienne.
Muette.	Violette.
Epaisse.	Aigrelette.

Mitoyenne.	Ancienne.
Ponctuelle.	Conditionnelle.
Universelle.	Vieillotte.
Telle.	Professe.
Nette.	Doucette.
Grasse.	Folle.
Expresse.	Substantielle.
Visuelle.	Réelle.
Rationnelle.	Belle.
Magicienne.	Nouvelle.
Mollette.	Sotte.
Annuelle.	Formelle.
Grosse.	Basse.
Lasse.	Criminelle.
Artificielle.	Basse.
Italienne.	Immortelle.
Eternelle.	Sotte.
Quotidienne.	Superficielle.
Continuelle.	Perpétuelle.
Vieillotte.	Universelle.
Essentielle.	Visuelle.
Aérienne.	Formelle.
Éventuelle.	Folle.
Spirituelle.	Matérielle.
Mutuelle.	

Adjectifs qui suivent la règle générale, et ne doublent pas le t.

Secrète.	Replète.
Incomplète.	Complète.
Indiscrète.	Secrète.
Concrète.	Inquiète.
Mauvaise.	Inconcrète.

DEUXIÈME EXCEPTION. *Les adjectifs terminés par* f, *changent* f *en* v.

Brève.	Sauve.
Neuve.	Veuve.

PRAXIGRAPHIE.

Abusive.	Active.
Administrative.	Adoptive.
Apéritive.	Attentive.
Attractive.	Captive.
Chétive.	Consécutive.
Comparative.	Corrective.
Constitutive.	Craintive.
Corrosive.	Définitive.
Décisive.	Distinctive.
Destructive.	Excessive.
Effective.	Fictive.
Expéditive.	Fugitive.
Furtive.	Hâtive.
Incisive.	Lascive.
Juive.	Maladive.
Lucrative.	Mémorative.
Massive.	Plaintive.
Optative.	Primitive.
Positive.	Relative.
Productive.	Successive.
Rétive.	Tardive.
Tentative.	Vive.

TROISIÈME EXCEPTION. *Les adjectifs en* eux, *font au féminin* euse; vieux, *fait* vieille *qui dérive de* vieil.

Amoureuse.	Ambitieuse.
Boiteuse.	Avantageuse.
Belliqueuse.	Cadavéreuse.
Coûteuse.	Cagneuse.
Creuse.	Capricieuse.
Curieuse.	Courageuse.
Dangereuse.	Défectueuse.
Dédaigneuse.	Dispendieuse.
Douloureuse.	Doucereuse.
Douteuse.	Epineuse.
Envieuse.	Fameuse.
Fâcheuse.	Fiévreuse.

Généreuse.	Gommeuse.
Heureuse.	Haineuse.
Hideuse.	Hasardeuse.
Impétueuse.	Harmonieuse.
Judicieuse.	Infructueuse.
Lumineuse.	Merveilleuse.
Miraculeuse.	Monstrueuse.
Nombreuse.	Nébuleuse.
Orageuse.	Noueuse.
Orgueilleuse.	Ombrageuse.
Peureuse.	Onéreuse.
Raboteuse.	Précieuse.
Religieuse.	Présomptueuse.
Ruineuse.	Respectueuse.
Ténébreuse.	Superstitieuse.
Vertueuse.	Jalouse.

QUATRIÈME EXCEPTION. *Les adjectifs en* eur, *formés d'un mot en* ant, *changent* eur *en* euse *au féminin; cependant* exécuteur, inspecteur, inventeur, persécuteur, *font* trice, *ainsi que plusieurs autres adjectifs en* teur.

Ambassadeur, enchanteur, pécheur (qui fait des péchés), vengeur, *font* ambassadrice, enchanteresse, pécheresse, vengeresse (1).

Les adjectifs en ieur, *et* majeur, mineur, meilleur *suivent la règle générale et prennent l'*e muet.

Brodeuse (2).	Ambassadrice.

---

(1) Nous n'avons pas cru devoir joindre à ces mots *bailleur* (de fonds), *demandeur, défendeur, vendeur,* dont le féminin, en style de pratique, est *bailleresse, demanderesse, défenderesse, venderesse.* Du reste, il faut observer qu'on se sert de *demandeuse,* pour désigner une femme qui importune par ses demandes; de *vendeuse,* pour désigner celle dont le métier est de vendre; *chasseur*, fait *chasseresse* en style poétique; on dit aussi *chasseuse.*

(2) Beaucoup de ces mots s'emploient plus souvent comme noms que comme adjectifs.

PRAXIGRAPHIE.

Admiratrice.
Causeuse.
Actrice.
Antérieure.
Accusatrice.
Approbatrice.
Débitrice.
Balayeuse.
Coiffeuse.
Blanchisseuse.
Brasseuse.
Calomniatrice.
Chanteuse.
Chicaneuse.
Citérieure.
Donneuse.
Conservatrice.
Conteuse.
Créatrice.
Corruptrice.
Danseuse.
Joueuse.
Libératrice.
Majeure.
Ravaudeuse.
Meilleure.
Mineure.
Motrice.
Nageuse.
Observatrice.
Opératrice.
Parfumeuse.
Pécheresse.
Parleuse.
Prêteuse.
Prieure.
Prôneuse.
Protectrice.
Fileuse.
Baigneuse.
Cardeuse.
Délatrice.
Directrice.
Dissipatrice.
Donatrice.
Doreuse.
Emprunteuse.
Enchanteresse.
Exécutrice.
Extérieure.
Flatteuse.
Fondatrice.
Glaneuse.
Grondeuse.
Inférieure.
Jaseuse.
Inspectrice.
Intérieure.
Inventrice.
Postérieure.
Réparatrice.
Rêveuse.
Rieuse.
Rôdeuse.
Siffleuse.
Solliciteuse.
Sonneuse.
Souffleuse.
Supérieure.
Tailleuse.
Tricheuse.
Tricoteuse.
Trompeuse.
Tutrice.
Ultérieure.
Vendangeuse.

Quêteuse.   Vendeuse.
Radoteuse.   Vengeresse.
Rapporteuse.   Voyageuse.
Railleuse.   Voleuse.

CINQUIÈME EXCEPTION. Public, caduc, *font au féminin* publique, caduque; tiers *fait* tierce; favori, favorite; coi, coîte (1). *Pour les autres adjectifs, on peut consulter les noms qui en sont formés* (2).

Sèche.   Benigne.
Franche.   Maligne.
Blanche.   Fraîche.
Douce.   Rousse.
Fausse.   Préfixe.
Tierce.   Favorite.
Coite.   Jalouse.

REMARQUE. *Châtain, fat, dispos*, n'ont pas de féminin.

RÉCAPITULATION SUR LES FÉMININS.

I.

La causeuse est ennuyeuse.
La flatteuse est dangereuse.
La solliciteuse est craintive.
L'ambassadrice est orgueilleuse.
La chasseuse est active.
La blasphématrice est impie.
La bienfaitrice est généreuse.
La malheureuse est soupçonneuse.
La spectatrice est ébahie.
La testatrice est décédée.
L'enchanteresse est friponne.

---

(1) Une des éditions du dictionnaire de l'Académie, porte coie au féminin.
(2) Sec (*sécheresse*), sèche.
Bénin (*bénignité*), bénigne, etc. *Voy.* Dumarsais.

L'emprunteuse est humble.
La débitrice est solvable.
La rêveuse est distraite.
L'institutrice est vertueuse.
L'inspectrice est zélée.
La menteuse est éhontée.
L'exécutrice est prête.
La donatrice est caduque.
Cette juive est adroite.
Elle est maligne.

II.

Cette coiffeuse est toute blanche.
La boudeuse est insupportable.
Cette Grecque est fausse.
L'épouse est jalouse.
L'observatrice est attentive.
La curieuse est à craindre.
L'Italienne est vindicative.
L'épouse est veuve.
La captive est enchaînée.
La fugitive est aperçue.
La capricieuse est fantasque.
La doucereuse est dangereuse.
La haineuse est haïe.
L'ambitieuse est misérable.
La religieuse est douce.
La superstitieuse est faible.
Elle est molle et paresseuse.
La vétilleuse est tracassière.
L'envieuse est détestée.
La précieuse est ridicule.
Cette gueuse est méchante.
La causeuse est ennuyeuse.
La plaideuse est rancunière.

EXERCICES SUR LES VERBES.

PREMIÈRE CONJUGAISON.

RÈGLE GÉNÉRALE ET SANS EXCEPTION. *Le pluriel des verbes se marque par* nt *à la troisième personne. Cette troisième personne plurielle se forme, au présent de l'indicatif, du participe présent, par le changement de l'*a *en un* e *muet.*

Le verbe prend le nombre et la personne de son sujet. L'agneau bêle; les agneaux bêlent; je cours, nous courons; tu aimes, vous aimez.

I.

Les agneaux bêlent.
Les chiens aboient.
Les loups hurlent.
Les taureaux beuglent.
Les cochons grognent.
Les hirondelles gazouillent.
Les paons braillent.
Les chats miaulent.
Les colombes roucoulent.
Les oiseaux volent.
Les poissons nagent.
Les reptiles rampent.
Les dindons glouglotent.
Les poules piaulent.
Les chamois s'élancent.
Les genoux plient.
Les fanaux éclairent.
Les signaux se donnent.
Les tribunaux prononcent.
Les filous volent.

II.

Les gouvernails se brisent.
Les vantaux se ferment.
Les bois brûlent.
Les cals gênent.
Les baux se résilient.
Les orgueilleux se louent.
Les religieux prient.
Les curieux écoutent.
Les présomptueux ne doutent de rien.
Les bestiaux engraissent.
Les ruisseaux coulent.
Les abcès crèvent.
Les ambitieux se tourmentent.
Les éventails se montent.
Les bambous plient.
Les perdrix se sauvent.
Les vaisseaux voguent.
Les hiboux se cachent.

III.

Ces musiciennes jouent bien.
Ces vieilles inspirent le respect.
Les demoiselles majeures se marient.
Ces magiciennes trompent.
Les indiscrètes divulguent les secrets.
Les religieuses professes s'engagent.
Ces figures doucettes ne me charment pas.
Ces réunions solennelles imposent.
Ces coquettes se ruinent.
Les murailles mitoyennes se réparent.
Les rentes annuelles se paient.
Des tierces personnes vous gênent.
Les fièvres tierces cessent.

DEUXIÈME CONJUGAISON.

RÈGLE. *Les verbes de la deuxième conjugaison ont la troisième personne du singulier du présent de l'indicatif terminée par un* t, *excepté* tressaillir, ouvrir, cueillir, *et leurs dérivés qui font* tressaille, ouvre, cueille.

I.

Les dépenses appauvrissent.
Les économies enrichissent.
Les malheureux gémissent.
Les élèves obéissent.
Les nerfs tressaillent.
Les arsenaux se munissent.
Les toiles se raccourcissent.
Les cerises rougissent.
Les vœux s'accomplissent.
Les maux se guérissent.
Les succès réjouissent.
Les graines se recueillent.
Les cieux s'éclaircissent.
Les enfans grandissent.
Les cors retentissent.
Les maux aboutissent.
Les malades s'affaiblissent.
Les soldats s'aguerrissent.
Les cloches avertissent.
Les fruits se cueillent.
Les tonneaux s'emplissent.

II.

Les lions rugissent.
Les bœufs mugissent.
Les renards glapissent.
Les pêches mûrissent.
Les pruneaux rafraîchissent.
Les roses s'épanouissent.

Les cadeaux s'offrent.
Les sapajous s'accroupissent.
Les miroirs se ternissent.
Les palais se bâtissent.
Les chevaux hennissent.
Les blés jaunissent.
Les chairs se raffermissent.
Les secrets se découvrent.
Les vieillards rajeunissent.
Les eaux rejaillissent.
Les trous s'agrandissent.
Mes aïeux vieillissent.
Les prés verdissent.
Les canaux s'élargissent.
Les diamans se polissent.
Les vantaux s'ouvrent.

III.

Les chevaux courent.
Les esclaves servent.
Les marmotes dorment.
Les calomniateurs mentent.
Les hommes se vêtent.
Les malades se meurent.
Les œillets sentent bon.
Ils bouillent d'impatience.
Les pavots endorment.
Les loups sortent du bois.
Les arbres se revêtent de feuilles.
Les hommes sans foi se démentent.

TROISIÈME CONJUGAISON.

Les verbes de la troisième conjugaison ont un t à la troisième personne du singulier du présent de l'indicatif. Excepté avoir, a; seoir, sied; asseoir, assied.

Les verbes en evoir *changent en* oi *l'e qui*

précède la terminaison : recevant, reçoivent. *Les verbes en* ouvoir *changent l'*o *en* e : mouvant, meuvent. Sied, *fait* siéent.

    Les yeux du maître aperçoivent tout.
    Les musulmans s'asseyent par terre.
    Ces idiotes ne conçoivent rien.
    Ces marchands doivent plus qu'ils n'ont.
    Mes paroles équivalent à un écrit.
    Les intendans perçoivent les revenus.
    Ces nobles se prévalent de leur naissance.
    Les lauréats reçoivent des éloges.
    Les soldats revoient leurs foyers.
    Les inconvéniens se prévoient.
    Les cours sursoient à la délibération.
    Ces ouvrages valent leur prix.
    Les vaisseaux se meuvent.
    Les ministres peuvent tout ce qu'ils veulent.
    Ces vieillards déchoient.
    Les stoïciens ne s'émeuvent de rien.

QUATRIÈME CONJUGAISON.

Les verbes en dre *ont un* d *à la troisième personne du singulier du présent de l'indicatif. Excepté* résoudre, dissoudre, *et les verbes en* indre *qui prennent un* t, *ainsi que les autres verbes de la quatrième conjugaison.*

    Vaincre *et* convaincre *prennent un* c.

    Les arcs se tendent.
    Les bûcherons fendent.
    Les eaux se répandent.
    Les chevaliers pourfendent.
    Les rats mordent.
    Les solliciteurs attendent.
    Les joueurs perdent.

Les bourreaux pendent.
Les brebis se tondent.
Les avocats répondent.
Les revendeuses revendent.
Ils se confondent en excuses.
Les ressorts se détendent.
Les seaux descendent.
Les oreilles entendent.
Les vendeurs vendent.
Les assiégés se rendent.
Les ennemis se défendent.
Les cordes se tordent.
Les glaces se fondent.
Les poules pondent.
Les villes se rendent.
Les froids morfondent.
Les ouvrages se refondent.
Les opérations se suspendent.
Les fils se tordent.
Les ballons redescendent.

Verbes *en* oudre *qui ont un* d.

Les couturières cousent.
Les meuniers moulent.

Verbes *en* oudre *qui ont un* t.

Les sels se dissolvent.
Les tribunaux ne résolvent rien.

Verbes *en* cre.

Les soldats vainquent.
Les discours convainquent.

Verbes *en* indre.

Les fanaux s'éteignent.
Les superstitieux craignent.

Les étoffes se déteignent.
Les épées se ceignent.
Les hypocrites feignent.
Les peuples se plaignent.
Les planches se déjoignent.
Les traîtres se contraignent.
Les pontifes oignent.
Les flèches atteignent.
Les peintres peignent.
Les teinturiers teignent.
Les pauvres se restreignent.

Verbes *en* pre, ttre, vre.

Les chiens suivent.
Les chasseurs poursuivent.
Les erreurs s'ensuivent.
Les barreaux se rompent.
Les artères battent.
Les chairs se corrompent.
Les guerriers combattent.
Les causes se débattent.
Les vaincus se soumettent.
Les bras se démettent.
Les affairés mettent la main à tout.
Les imprudens se compromettent.
Les perturbateurs interrompent.

Verbes *en* aire *et en* oire.

Les coupables se taisent.
Les ânes braient.
Les jeux distraient.
Les filous soustraient.
Les fâcheux déplaisent.
Ces lieux me plaisent.
Les paysannes traient.
Les ivrognes boivent.
Les chrétiens croient.

Verbes *en aître et en aire.*

Les ombres croissent.
Les phénix renaissent.
Les superbes se méconnaissent.
Les prévenus comparaissent.
Les spectres apparaissent.
Les sages se connaissent.
Les météores disparaissent.
Les brebis paissent.

Verbes *en* ire, ore, ure.

Les hommes rient.
Les rapporteurs concluent.
Les citrons se confisent.
Les prophètes prédisent.
Les envieux médisent.
Les auteurs écrivent.
Les vers luisans luisent.
Les écoliers studieux lisent.
Les dictateurs cruels proscrivent.
Les historiens décrivent.
Les sages se suffisent.
Les trompeurs se dédisent.
Les terres fertiles produisent.
Les pains cuisent.
Les précepteurs instruisent.
Les guides conduisent.
Les interprètes habiles traduisent.
Les œufs éclosent.

Verbes dont la troisième personne plurielle du présent de l'indicatif *ne se forme pas régulièrement du participe présent.*

Les montres vont bien.
Les animaux meurent.

Les acquéreurs avides acquièrent.
Ces palais magnifiques m'appartiennent.
Ces bijoux précieux me conviennent.
Les avares n'ont rien.
Les ivrognes boivent.
Les singes imitateurs contrefont.
Les précieux se font moquer.
Les disciples dociles apprennent.
Les hommes modérés se contiennent.
Les larrons surviennent.
Les chrétiens s'abstiennent de jurer.
Ces manteaux me siéent bien.
Les philosophes savent bien des choses.
Les marchands surfont.
Les malades convalescens se refont.
Les moineaux se prennent.

RÉCAPITULATION.

I.

Ces beaux discours plaisent, touchent et convainquent.
Les hommes naissent, vivent et meurent.
Les singes imitent et contrefont.
Les baux s'accomplissent, se renouvellent ou se résilient.
Les exercices modérés refont et affermissent la santé.
Les pécheurs se repentent, se corrigent et se convertissent.
Les plantes se fanent et se dessèchent.
Les arbres croissent, végètent et pourrissent.
Les roseaux flexibles plient et ne rompent pas.
Les fruits mûrissent, se cueillent, se conservent.
Les peaux se préparent, se tannent, se durcissent.
Les boulangers pétrissent et cuisent.
Les empressés vont, viennent, et reviennent.
Les feux follets paraissent et disparaissent.
Les disciples attentifs apprennent, comprennent, obéissent.
Les ouvrages utiles s'impriment et se vendent.
Les chrétiens croient, se soumettent et s'abstiennent de péché.

Les arithméticiens additionnent, soustraient, multiplient, divisent.
Les toux se calment, s'adoucissent et s'en vont.
Les fourbes promettent, se dédisent et trompent.
Les sages prévoient et préviennent le mal.
Les abcès aboutissent et guérissent.
Les furieux frémissent, menacent et maudissent.
Les pavots engourdissent, endorment et tuent.
Les courtisans flattent, mentent et s'avilissent.

II.

Les soldats courageux combattent, vainquent et meurent.
Les joueurs imprudens risquent, perdent et se désespèrent.
Les arcs souples se tendent et se détendent.
Les fils se tordent et se détordent.
Les bestiaux paissent, se nourrissent et engraissent.
Les locaux se nettoient, s'approprient et s'embellissent.
Les avares manquent de ce qu'ils ont et de ce qu'ils n'ont pas.
Les sages savent qu'ils ne savent rien.
Mes aïeux languissent, se cassent et vieillissent.
Les jeux plaisent, amusent et distraient.
Les animaux croissent, vivent, se meuvent et sentent.
Les végétaux croissent et vivent; les minéraux croissent.
Les fanaux s'allument et s'éteignent.
Les ministres peuvent et veulent le bien.
Les riches se glorifient, s'enorgueillissent et se prévalent de leurs richesses.
Ces manteaux me siéent et me conviennent.
Les emprunteurs empruntent, doivent et paient.
Les hâbleurs promettent beaucoup et tiennent peu.

REMARQUE. *Choir* et *échoir* de la troisième conjugaison; *frire*, *bruire*, *clore* de la quatrième, sont défectueux, et ne s'emploient pas à la troisième personne du pluriel du présent de l'indicatif. *Choir* et *bruire* ne sont pas même usités au singulier.

EXERCICES A VOLONTÉ SUR LES PERSONNES, LES TEMPS ET LES MODES DES VERBES.

I.

Aimer le travail.
Obéir à Dieu.
Prêter serment.
Respecter les vieillards.
Comprendre l'explication.
Prévoir des malheurs.
Sortir du jardin.
Venir de Paris.
Cueillir des fruits.
Aller à la ville.
Traduire un auteur.
Convenir du fait.
Se plaire à la campagne.
Servir le pays.
Faire une bonne action.
Atteindre le but.
Renaître à la vie.
Courir dans la plaine.
Se revêtir de son manteau.
Souffrir bien des maux.
Penser à Dieu.
S'asseoir par terre.
Plaindre les malheureux.
Savoir la nouvelle.

II.

Prendre un parti sage.
Connaître le monde.
Répondre à la calomnie.
Bâtir une belle maison.
Haïr les hommes orgueilleux.
Se repentir de ses fautes.
Se soumettre à la providence.

Se distraire des affaires sérieuses.
S'abstenir de viande substantielle.
Suivre l'ancienne coutume.
Acheter de faux bijoux.
Creuser des trous profonds.
Trouver les raisins trop verts.
Poursuivre une entreprise folle.
Rendre à Dieu ce qui est à Dieu.
Pouvoir rendre service.
Prédire d'affreux malheurs.
S'élancer sur l'ennemi.
Boire avec excès.
Recevoir d'injustes reproches.

III.

Envoyer une lettre pressée.
Se corriger de ses défauts.
Tenir à la parole donnée.
Allumer des fanaux.
Se ruiner en procès.
Vivre dans l'espérance.
Tressaillir de joie.
Se plaindre de mauvais procédés.
Contredire une proposition.
Taire une mauvaise nouvelle.
Maudire les importuns.
Dire la vérité.
Suspendre les travaux.
Se prévaloir de ses avantages.
Deviner les mauvaises intentions.
Se nourrir de légumes.
Descendre à la cave.
Se défendre courageusement.
Bouillir d'impatience.
Acquérir des richesses.
Se rire des menaces.

PRAXIGRAPHIE.
VERBES A REMARQUER.

Verbes en *ger*:

Dans les verbes en ger, le g pour conserver le son du j, doit être suivi d'un e muet devant l'a et l'o.

Je change, je changeais, je changeai d'avis.
Je dégage, je dégageais, je dégageai sa parole.
Je dérange, je dérangeais, je dérangeai la bibliothèque.
J'arrange, j'arrangeais, j'arrangeai les affaires.
J'égorge, j'égorgeais, j'égorgeai l'assassin.
Je déménage, je déménageais, je déménageai les meubles.
J'emménage, j'emménageais, j'emménagerai.
Je protége, je protégeais, je protégeai l'innocence.
J'oblige, j'obligeais, j'obligeai ses amis.
Je transige, je transigeais, je transigeai par nécessité.
Je nage, je nageais, je nageai dans l'opulence.
J'encourage, j'encourageais, j'encourageai les élèves.
J'assiége, j'assiégeais, j'assiégeai la ville.
Je venge, je vengeais, je vengeai une injure.
Je vendange, je vendangeais, je vendangeai un clos.
Je juge, je jugeais, je jugeai équitablement.
Je gage, je gageais, je gageai sa tête.
Je voyage, je voyageais, je voyageai par plaisir.

Verbes en *eler, eter*.

Les verbes en eler *comme* appeler, *en* eter *comme* jeter *doublent l'l et le t devant l'e muet :* appeler, j'appelle, jeter, je jette.

Excepté acheter, bourreler, geler, peler, harceler, botteler, crocheter, bosseler, ensorceler, fureter, amonceler.

L'enfant épelle, épela, épellera (1).

---

(1) On fera bien d'ajouter, *épelait, épellerait, se jetait, se jetterait*, etc.

Le caillou se jette, se jeta, se jettera.
La neige s'amoncèle, s'amoncela, s'amoncèlera.
Le cheval s'attelle, s'attela, s'attellera.
Le bœuf chancèle, chancela, chancèlera.
L'aigle trompette, trompéta, trompettera.
La chambre se carrelle, se carrela, se carrellera.
Le moineau becquette, becqueta, becquetera.
La lettre se cachette, se cacheta, se cachettera.
L'appel s'interjette, s'interjeta, s'interjettera.
L'escarboucle étincelle, étincela, étincellera.
Le foin se bottèle, se bottela, se bottelera.
Le crieur appelle, appela, appellera.
La vieille grommelle, grommela, grommellera.
Le magicien ensorcèle, ensorcela, ensorcèlera.
Le filou crochète, crocheta, crochetera.
L'écuelle se bossèle, se bossela, se bossèlera.
Le nez se gèle, se géla, se gèlera.
Le paquet se ficelle, se ficela, se ficellera.
Le livre se feuillette, se feuilleta, se feuillettera.
Le bail se renouvelle, se renouvela, se renouvellera.

VERBES *qui ont un é fermé à l'infinitif du présent.*

Les verbes de la première conjugaison qui ont un é fermé à l'infinitif présent, changent cet é en un è grave avant une syllabe muette.

La mère s'inquiète, s'inquiéta, s'inquiétera.
Le régiment se complète, se compléta, se complètera.
La plante vegète, végéta, végètera.
La messe se célèbre, se célébra, se célèbrera.
Le traducteur interprète, interpréta, interprètera.
Le secret se révèle, se révéla, se révèlera.
Le conteur se répète, se répéta, se répètera.
La propriété s'aliène, s'aliéna, s'aliènera.
Le chemin se sèche, se sécha, se sèchera.
Le blé dégénère, dégénéra, dégénèrera.

VERBES qui ont iant ou yant au participe présent.

Les verbes qui ont iant au participe présent, prennent deux i à la premiere et à la seconde personne du pluriel de l'imparfait de l'indicatif et du présent du subjonctif.

Ceux qui ont yant doivent prendre aux mêmes temps un i après l'y. Excepté ayant, ayons.

I.

Nous payions notre écot.
Nous étayions le mur.
Nous l'appuyions de notre crédit.
Nous nous associions à tes malheurs.
Nous priions Dieu.
Nous suppliions vainement nos bourreaux.
Nous liions des fagots.
Nous sciions les barreaux.
Nous niions la vérité.
Nous nous désennuyions en lisant.
Nous nous réconciliions avec la religion.
Nous nous confiions à la providence.
Nous nous humiliions devant Dieu.
Nous l'initiions aux mystères.

II.

Nous nettoyions tandis que vous balayiez.
Nous broyions les couleurs, pendant que vous les délayiez.
Nous renvoyions mon domestique au moment où vous m'envoyiez votre lettre.
Nous nous ennuyions pendant que vous voyagiez.
Nous essuyions les pleurs que vous faisiez couler.
Nous riions pendant que vous pleuriez.
Nous begayions et vous balbutiiez.
Vous me calomniiez, quand nous vous justifiions.
Nous défiions la fortune, quand vous ployiez sous le malheur.

Nous étudiions pendant que vous jouiez.
Nous engagions le combat au moment où vous fuyiez.
Nous voyions nos enfans, et nous oubliions nos chagrins.
Nous nous asseyions comme vous vous leviez.
Nous prévoyions ces malheurs, mais vous pourvoyiez à tout.
Nous essayions de nous défendre, tandis que vous vous enfuyiez.
Nous revoyions la France au moment où vous vous expatriiez.
Nous croyions que vous vous noyiez.

III.

Il faut que nous payions notre écot.
Il est juste que nous priions Dieu.
Il est bon que nous nous réconciliions avec notre ennemi.
Il convient que nous renvoyions un mauvais serviteur.
Il veut que nous l'appuyions de notre crédit.
Il désire que nous le voyions.
Pense-t-il que nous croyions tout ce qu'on dit ?
Espère-t-il que nous oubliions cette injure ?
Est-il possible que nous pourvoyions à tous vos besoins ?
Croit-il que nous voyions les malheureux avec indifférence ?
Suppose-t-il que nous nous enfuyions comme des lâches ?
On exige que nous nous étudiions.
On demande que nous vous justifiions.

RÉCAPITULATION.

I.

Les grands seigneurs dédaignent les hommes d'esprit qui n'ont que de l'esprit. Les hommes d'esprit méprisent les grands qui n'ont que de la grandeur. Les hommes de bien plaignent les uns et les autres.

Les sots n'entrent, ni ne sortent, ni ne s'asseyent, ni ne se lèvent, ni ne se taisent comme les hommes d'esprit.

Les sages guérissent de l'ambition par l'ambition même; ils tendent à de si grandes choses qu'ils ne peuvent se borner aux richesses.

Les hommes qui ont l'esprit borné ne remarquent pas cette universalité de talens qui se trouve quelquefois dans un même sujet. Où ils voyent l'agréable, ils en excluent le solide ; où ils croyent découvrir les grâces du corps, ils n'y admettent plus les dons de l'âme.

Les hommes consciencieux se paient par leurs mains de l'application qu'ils mettent à leur devoir, par le plaisir qu'ils sentent à le faire.

II.

Les courtisans feignent le caractère le plus conforme aux vues qu'ils ont, et paraissent tels qu'ils croyent que leur intérêt l'exige. Ils savent parler et parlent ambiguement ; ils usent d'expressions équivoques qu'ils font valoir ou qu'ils diminuent selon leurs intérêts.

Les hommes de mérite qui sont en place ne sont jamais incommodés par leur vanité ; ils s'étourdissent moins du poste qu'ils occupent, qu'ils ne sont humiliés par un plus grand qu'ils ne remplissent pas et dont ils se croient dignes.

Les soldats ne sentent pas qu'ils soient connus : ils meurent obscurs dans la foule. Ils vivaient de même, à la vérité ; mais ils vivaient.

Ceux qui par leur naissance se démêlent d'avec le peuple, et qui s'exposent aux yeux des hommes, pourraient même sortir par effort de leur tempérament, s'ils n'étaient pas portés à la vertu.

Les meilleures actions s'altèrent et s'affaiblissent par la manière dont elles se font, et laissent même douter des intentions.

III.

Je me lève à six heures. Je range mon cabinet. J'étudie mes leçons. Je mets mes devoirs au net. Je travaille une heure à l'anglais. J'apprends un verbe anglais. A neuf heures, je descends dans la salle à manger. Je vais ensuite me promener au jardin.

J'assemble mes espaliers. Je les peins en vert. Je construis un petit berceau. Je le couvre de chèvre-feuille. J'y fais grimper une vigne.

Je pars pour la promenade. Je prends mon couteau. Je déracine les plus belles fleurs des champs. Je les porte à ma sœur. Je reviens à la maison content de mon voyage.

IV.

Il faut que nous employions bien notre temps aujourd'hui ; que nous sortions du lit à six heures ; que nous travaillions jusqu'à huit ; que nous allions au jardin une demi-heure ; qu'après le déjeuner, nous fassions nos devoirs ; que nous lisions dans l'après-dîner ; que nous fassions des extraits ; que nous dessinions ; que nous étudiions l'histoire de France.

Il faudrait que nous employassions bien notre temps ; que nous sortissions du lit à six heures ; que nous travaillassions jusqu'à huit ; que nous allassions au jardin une demi-heure ; qu'après le déjeuner nous fissions nos devoirs ; que nous lussions dans l'après-dîner ; que nous copiassions, que nous fissions des extraits ; que nous dessinassions ; que nous étudiassions l'histoire de France.

V.

J'allai me promener avec mon père. J'aperçus de jolis bosquets : j'entrai dans des salles de verdure formées par la nature.

De distance en distance, je rencontrais de petites sources d'eau qui formaient de gros ruisseaux que j'étais obligé de traverser sur de grosses pierres. A l'horizon, je voyais des montagnes couvertes de bois. Devant moi, j'avais de belles pelouses, et je cueillais les plus jolies fleurs du monde.

Je courrai, je marcherai pendant une demi-heure, j'arriverai au pied de la montagne, je la gravirai et je me retiendrai aux branches des arbres, de peur que je ne roule jusqu'au bas du précipice.

Il faudra que j'apporte avec moi quelques provisions, afin que, lorsque je serai arrivé au bas de la montagne, je fasse un bon repas, et que je reprenne des forces.

Il aurait fallu que je prisse et que j'apportasse quelques

livres; que je me reposasse sur le gazon, que je fisse une lecture, en attendant que l'ardeur du soleil fût passée.

VI.

Honorez et servez Dieu. Aimez votre père et votre mère. Obéissez aux lois. Tendez la main aux malheureux : soulagez et adoucissez leur misère. Faites à autrui ce que vous voudriez qu'on vous fît. Si vous entendez la médisance, fermez les oreilles. Dans le malheur, armez-vous d'une cuirasse d'airain. Tenez à l'opinion des gens de bien. Ecoutez les vieillards. Ayez pour casque une ferme espérance; prenez pour glaive la foi divine. Fuyez les lieux où le vice domine.

Paresseux, allez à la fourmi; considérez ce qu'elle fait et apprenez d'elle la sagesse.

Vous éviterez l'orgueil, vous détesterez le mensonge.

Si vous voulez que je pleure ou que je rie, il faut que vous pleuriez ou que vous riiez le premier.

Je voudrais que vous prissiez pitié des orphelins, que vous leur donnassiez une partie de votre superflu, que vous ne rougissiez pas de dire la vérité, que vous ne crussiez pas qu'il est honteux d'avouer ses fautes.

Vous ne lierez point la bouche au bœuf qui foule le grain, et vous donnerez à celui qui travaille, le fruit de son salaire.

Si vous paraissiez aujourd'hui devant Dieu, que lui diriez-vous? Quel compte lui rendriez-vous de votre vie? Pour effacer tant de fautes que vous avez commises, lui présenterez-vous seulement une bonne œuvre?

VII.

Offre aux malheureux un cœur sensible à leurs misères : adoucis au moins par ton humanité le joug de l'indigence, si tu ne peux pas, à cause de la médiocrité de ta fortune, soulager tout-à-fait tes frères. Pourquoi, lorsque tu rencontres un pauvre, restes-tu insensible? Tu détournes les yeux, tu ne daignes pas l'entendre! Tu l'éloignes même rudement, et tu achèves de lui serrer le cœur de tristesse.

Ame inhumaine, ne trouves-tu rien dans un homme souffrant qui soit digne de la pitié?

Tu garderas le dépôt que tu as reçu, et tu te rendras riche en bonnes œuvres : tu feras part de tes biens.

Tu t'égarais du chemin de la vérité, tu te laissais asservir à une infinité de passions, tu menais une vie pleine de malignité et d'envie.

Je désire que tu consoles les affligés, que tu visites les malades, que tu pleures avec ceux qui pleurent, que tu t'affermisses dans la charité.

VIII.

Pauvre oiseau! tu viens près de moi, et tu cherches un abri. Tu ne sais que devenir pendant les longues journées de l'hiver. Entre, j'aurai soin de toi; je t'aimerai, car tu t'es fié à moi. Sois le bien venu, pauvre petit délaissé : tu te réchaufferas contre mon sein. Comme tu es haletant! Ne crains pas que je te condamne à une longue captivité. Non, voltige librement autour de moi; pose-toi sur la dernière corde de cette lyre, et chante les accords du doux printemps. Ah! je reconnais les chants joyeux de l'été. Tu réveilles mes souvenirs, tu adoucis mes regrets, tu me rappeles...... Oh! prolonge encore mon rêve! Ramène par tes chants ces riantes images, quoique je les distingue à peine au-travers de mes larmes.

Gentil oiseau! tu as deviné que j'étais seul et malheureux, et tu es venu égayer ma solitude. Tu partageras mon repas solitaire. Je trouverai mon pain plus savoureux, et je boirai avec plus de plaisir, lorsque tu feras entendre autour de moi tes chants d'allégresse. Tu dormiras en paix. Ne crains pas l'oiseau de proie. Heureux oiseau, sans souci et sans prévoyance, tu ne redoutes point la journée de demain, tu n'entends point souffler le vent de la tempête, tu ne sens point la pluie qui tombe par torrens. Dès que le printemps sera revenu, j'ouvrirai la fenêtre, tu prendras ton joyeux essor, et tu t'enfuiras loin de moi.

DEUXIÈME PARTIE.

EXERCICES SUR QUELQUES RÈGLES DE LA SYNTAXE D'ACCORD.

ACCORD DE L'ADJECTIF AVEC LE NOM.

RÈGLE. *L'adjectif qui se rapporte à plusieurs noms ou pronoms se met au pluriel. Exemple :* Le roi et le berger égaux après leur mort.

L'adjectif qui se rapporte à des noms ou pronoms de différens genres, se met au pluriel masculin. Exemple : Le vice et la vertu opposés l'un à l'autre.

I.

Le frère est chéri.
Le frère et la sœur sont chéris.
Le prince est généreux.
Le roi et le prince sont généreux.
Le pupitre est noir.
La table et le pupitre sont noirs.
La colère est odieuse.
La colère et l'orgueil sont odieux.
Le perroquet est bavard.
Le perroquet et la pie sont bavards.
La colline et la vallée sont ombragées.
Le renard est rusé.
Le renard et le singe sont rusés.
La rose est odorante.
La rose et le lis sont odorans.
Le paysan est laborieux.
Le paysan et la paysanne sont laborieux.
La robe est blanche.
La robe et le voile sont blancs.
La trompette est retentissante.
La trompette et le clairon sont retentissans.

Le tigre est cruel.
Le tigre et l'hyène sont cruels.
Cette coutume est ancienne.
Cette loi et cette coutume sont anciennes.

II.

La France fertile.
La France et l'Italie fertiles.
Le pain nécessaire.
Le pain et le vin nécessaires.
Le pin résineux.
Le pin et le sapin résineux.
Le teint vermeil.
Le teint et la joue vermeils.
L'acte nul.
La procédure et l'acte nuls.
L'or précieux.
L'or et l'argent précieux.
L'instituteur vertueux.
L'instituteur et l'institutrice vertueux.
L'oie grasse
L'oie et la poularde grasses.
La nèfle molle.
La nèfle et la poire molles.
La loi expresse.
La loi et la coutume expresses.

III.

Le crapaud est hideux.
Le crapaud et la chauve-souris sont hideux.
La grenade est acide.
Le citron et la grenade sont acides.
La carafe est cassante.
La carafe et le bocal sont cassans.
La morue est fraîche.
La morue et la raie sont fraîches.
La caille est délicate.
Le faisan et la caille sont délicats.

Le dromadaire est bossu.
Le chameau et le dromadaire sont bossus.
L'opale est recherchée.
Le rubis et l'opale sont recherchés.
La frangipane est sucrée.
La frangipane et le gâteau sont sucrés.
Le bras est nerveux.
Le bras et la main sont nerveux.

ACCORD DU VERBE AVEC PLUSIEURS SUJETS.

Règle. *Quand le verbe a plusieurs sujets, il se met au pluriel.*

Lorsque les sujets sont de différentes personnes, il se met au pluriel et à la personne la plus noble. La première personne est plus noble que la seconde, la seconde que la troisième.

I.

L'ivresse abrutit l'homme.
L'ivresse et la mollesse abrutissent l'homme.
La bavarde m'ennuie.
La bavarde et l'indiscrète m'ennuient.
La panthère fond sur sa proie.
La panthère et le léopard fondent sur leur proie.
La vipère se revêt d'une nouvelle peau.
La couleuvre et la vipère se revêtent d'une nouvelle peau.
L'incendiaire se trahit.
L'incendiaire et le faussaire se trahissent.
Cette thèse se soutient.
Cette proposition et cette thèse se soutiennent.
Le moraliste discourt.
Le moraliste et le métaphysicien discourent.
L'astrologie ment.
L'astrologie et la nécromancie mentent.
L'artifice se comprend.
L'artifice et la fourberie se comprennent.

II.

Ce narcisse ne sent rien.
Cette tulipe et ce narcisse ne sentent rien.
La grenade se cueille.
La grenade et la muscade se cueillent.
L'hermine se nourrit de rats.
L'hermine et la zibeline se nourrissent de rats.
L'aspic pique.
L'aspic et la sang-sue piquent.
La souris mord.
Le rat et la souris mordent.
La jonquille fleurit.
La violette et la jonquille fleurissent.
Sa bêtise me confond.
Sa simplicité et sa bêtise me confondent.
La pomme mûrit.
La pomme et la poire mûrissent.
La tomate devient rouge.
La cerise et la tomate deviennent rouges.
La lecture distrait.
La lecture et le jeu distraient.

III.

Le sel se dissout.
Le sel et le sucre se dissolvent.
Le soldat meurt pour la patrie.
Le soldat et l'officier meurent pour la patrie.
L'agneau paît.
L'agneau et la brebis paissent.
Le fil se tord.
Le fil et la corde se détordent.
La bougie s'éteint.
La bougie et la lampe s'éteignent.
Le chêne se revêt de feuilles.
Le chêne et l'ormeau se revêtent de feuilles.
L'arc se tend.
L'arc et le ressort se tendent.

Le tailleur coud.
Le tailleur et la couturière cousent.

IV.

La gazelle, le rat, le corbeau, la tortue vivaient ensemble unis.

La paix et le bonheur habitent dans les chaumières.

La ruse et la finesse conduisent naturellement au mensonge et à la duplicité.

Athènes et Lacédémone se disputaient la prééminence sur toutes les autres villes de la Grèce.

Briarée et Encelade lançaient contre Jupiter des rochers entiers.

La colère et l'imprudence ont perdu bien des gens.

Le dieu Pan et la déesse Palès étaient les principales divinités terrestres.

Les kamichis sont des oiseaux qui ont les mœurs douces. Le mâle et la femelle restent unis jusqu'à la mort.

Le lion, la brebis, l'âne et le renard firent un jour société.

Si la vie et la mort de Socrate sont d'un sage, la vie et la mort de Jésus sont d'un Dieu.

ACCORD DE L'ADJECTIF *avec* personne, quelque chose *et* gens.

RÈGLES. Personne *précédé d'un article est féminin; mais quand ce mot n'est pas précédé d'un article, il est masculin.*

Quelque chose est du masculin quand il n'est pas pour quelle que soit la chose.

Le mot gens *veut l'adjectif qui le suit au masculin, et l'adjectif qui le précède au féminin. Cependant tout fait exception, et se met au masculin, lorsqu'il précède le mot* gens *avec un adjectif déterminatif ou avec un adjectif de tout genre.*

Personne n'est estimé dans le monde sans la probité.

Je connais une personne qui n'est point estimée des gens sensés.

De quelles gens sensés cette personne est-elle estimée?

Votre ami a fait quelque chose qui mérite d'être rapporté.

Votre ami a fait une chose qui mérite d'être rapportée.

Les gens dissimulés peuvent d'abord fasciner les yeux; mais bientôt ils se laissent pénétrer et sont méprisés. Au contraire, tous les honnêtes gens gagnent à être connus; plus ils sont vus de près, plus ils sont appréciés.

Telles gens, selon la pensée d'Ovide, courtisent le riche, qui l'abandonnent au premier revers de fortune.

Quelles gens ignorent que Pélopidas et Epaminondas, Pindare et Plutarque ont pris naissance dans les vallées marécageuses de la Béotie.

NU et DEMI.

RÈGLE. *Nu et demi sont invariables, lorsque placés devant le nom, ils forment en quelque sorte un seul mot avec lui.*

Lorsque demi est après le nom, il en prend le genre seulement.

Les anciens Egyptiens allaient tête nue.
Les petits savoyards marchent ordinairement nu-pieds.
Henri IV fut assassiné à trois heures et demie du soir.
Les Ecossais sont habitués à aller jambes nues.
Les demi-mesures sont funestes.
La demi-aune vaut vingt-deux pouces.
Il faut s'accoutumer à aller nu-tête.
La pendule marque cinq heures et demie.
La demi-heure vaut trente minutes.
Cette girafe a treize pieds et demi.
J'ai midi et demi à ma montre.
Mon frère et mon ami ont été trouvés demi-morts.
On voit des sauvages aller nu-pieds, nu-jambes et tête nue.

Le peintre a représenté Caïn la poitrine et les bras nus.

La mi-carême tombe le troisième jeudi du carême.

Les centaures étaient demi-hommes et demi-chevaux.

Il n'y a de l'eau qu'a mi-jambe.

RÉCAPITULATION.

Il faut être bien dénué d'esprit, si l'amour, la nécessité, la malignité n'en font pas trouver.

Mille gens à peine connus font la foule au lever pour être vus du prince.

La finesse et le mensonge réunis forment la fourberie.

Il y a quelque chose de naturel dans tout ce que cet auteur écrit.

Certaines gens instruits interprètent ce passage différemment.

Personne n'est étonné de ce qu'a fait cet enfant : pas une personne n'en est surprise.

C'est une œuvre de miséricorde que de vêtir les nus.

Cet enfant ne parle jamais que nu-tête à son maître.

Je vous donnerai deux aunes et demie d'étoffe pour faire cet habit, et une demi-aune de surplus.

Tous mes voyages ont été achevés en deux ans et demi.

TOUT.

RÈGLE. Tout *placé devant un adjectif, et ayant le sens de si, d'entièrement ou de quoique, est invariable, à moins qu'il ne soit devant un adjectif féminin commençant par une consonne ou une h aspirée.*

I.

Tout parfaits que sont les sages, ils ont encore bien des défauts.

Tout admirables, tout étonnantes, toutes nombreuses qu'étaient les qualités militaires de Charles XII, on ne peut s'empêcher de blâmer sa témérité.

Tout héroïque que fut Jeanne d'Arc, toute courageuse

qu'elle fut, tout attachée qu'elle se montra à Charles VII, ce prince ne songea pas à venger sa mort.

Toute grande qu'était la vaillance des Romains, elle était moins bouillante que celle des Gaulois, qui se faisaient gloire de combattre demi-nus.

Toute fière, tout altière qu'était avec les grands Elisabeth d'Angleterre, elle était tout autre avec les simples particuliers.

Tout affreuses, tout horribles, toutes révoltantes que furent les cruautés de Tibère, elles n'égalèrent pas celles de Néron.

II.

Tout injurieuses, tout offensantes que sont vos paroles, je n'y fais aucune attention.

Tout estimables que sont les qualités du corps, elles sont au-dessous de celles du cœur.

Votre jument est arrivée toute haletante, tout en sueur.

Toutes vertueuses, tout estimables qu'étaient les femmes de Lacédémone, on doit leur reprocher de l'affectation et une certaine rudesse.

Toute belle, tout aimable qu'est la vérité, loin de se présenter toute nue, elle est souvent obligée de se montrer à demi voilée.

Les négresses aiment à porter des robes toutes blanches.

Toutes menteuses que sont les fables grecques, elles ont un grand charme.

Jeanne d'Arc était toute brûlante d'amour pour la patrie.

Toutes pénibles que sont les fatigues de la guerre, combien d'hommes les supportent volontairement!

Toutes grandes, toutes peuplées que sont nos villes, elles le sont moins que celles de la Chine.

RÉCAPITULATION.

Cet enfant a dans la figure quelque chose de spirituel.
Quelles gens sont plus détestés que les hypocrites?
Il y a dans ce que vous dites quelque chose de sensé.
Personne n'a été tué dans le combat.
Une personne seule a été tuée dans le combat.

L'exercice et la sobriété fortifient le corps.

Ceux qui, dès leur enfance, prennent l'habitude d'aller nu-tête, s'en trouvent bien le reste de leur vie.

Mandricart avait juré de combattre tête nue, jusqu'à ce qu'il eût conquis le casque d'Hector.

Attendez-moi jusqu'à cinq heures et demie. Si je ne suis point chez vous à la demie, ne m'attendez plus.

Une demi-heure de souffrance paraît un siècle.

Toute haute qu'est la cime du Mont-Blanc, qui est toute couverte de neige en toute saison, elle est moins haute que celle de l'Himalaya.

Nous avons l'âme tout émue de ce qui vient d'arriver.

QUELQUE ; QUEL, QUELLE QUE.

RÈGLE. *Quelque devant un adjectif dont il détermine la signification et employé comme adverbe, est invariable.*

Quelque, ne doit pas être confondu avec l'expression quel, quelle que *qui se met devant un verbe et s'écrit en deux mots. L'adjectif* quel *s'accorde avec le sujet du verbe.*

I.

Quelque grands que fussent les généraux et les magistrats athéniens, tout intègres, tout habiles qu'ils étaient, l'exil était souvent leur récompense.

Quelque savans, quelqu'éclairés, quelque curieux qu'ils soient d'apprendre, ils ignorent cependant bien des choses.

Quelque cruels que soient les tigres, ils ne s'entr'égorgent pas.

Quelque forts que soient les éléphans, il y a, dit-on, en Amérique des animaux plus forts qu'eux.

Quelques fautes que vous ayez commises, vous trouverez grâce devant Dieu, si votre repentir est sincère. Quelque coupables qu'aient été Adam et Eve, ils ont obtenu sans doute la rémission de leur péché.

Par quelques lieux que vous passiez, je vous accompagnerai ; à quelques périls que vous soyez exposé, je m'y exposerai ; quelques privations que vous enduriez, je les endurerai ; quelques peines que vous éprouviez, je les partagerai ; quelques chagrins, quelques désagrémens, quelques tourmens qu'on vous cause, je vous consolerai.

Quelques trésors que nous possédions, nos désirs ne sont jamais satisfaits.

Quelque puissans, quelqu'élevés que soient les rois, ils sont ce que nous sommes.

Quelques charmes que je trouve dans votre société, toute spirituelle, tout aimable que vous êtes, je me vois obligé de vous quitter.

Quelques victoires qu'ait remportées Alexandre, quelques lauriers qu'il ait cueillis, quelques nations qu'il ait soumises ; je le regarde, ainsi que tous les conquérans, comme un fléau du genre humain.

II.

Quelque méchans que soient les hommes, ils rendent hommage à la vertu.

Quelque cachés que soient les crimes, ils ne peuvent échapper à l'œil de la justice éternelle.

Quelle que soit votre misère, quels que soient vos chagrins, supportez-les avec résignation.

Quels que soient vos talens, quelles que soient vos richesses, quelle que soit votre considération dans le monde, gardez-vous de vous glorifier de ces avantages.

Quelle que soit la bonté de Dieu, quelle que soit sa clémence, quelques sentimens d'amour qu'il ait pour les hommes, craignons d'abuser de sa miséricorde.

Quelle que fût la force du lion, il se laissa vaincre par une mouche.

De quelques vertus que fût doué Vespasien, quelle que fut la tendresse du peuple à son égard, Titus, son fils, fut plus vertueux et plus populaire encore.

Quelques services que vous rendiez à un ingrat, quelles que soient vos bontés pour lui, c'est un serpent que vous réchauffez dans votre sein.

RÉCAPITULATION.

Telles gens ont été admirés pendant leur vie, qui, après leur mort, sont oubliés.

La calomnie a quelque chose de vil.

Le bateau a chaviré : pas une personne n'a été sauvée : personne n'est arrivé à temps pour porter du secours.

La prudence et la constance faisait le fond du caractère d'Annibal.

Moins nue, la bordure de ce tableau plairait davantage.

Que vous êtes imprudent de rester nu-pieds sur ce pavé !

Votre montre marque midi et demi ; la mienne, onze heures et demie.

Les demi-savans sont pleins de suffisance ; ils ne sont pas insupportables à demi.

Toutes hâtives que sont ces poires, celles-ci le sont davantage.

L'action tout héroïque de d'Assas empêcha l'armée française d'être surprise.

Toute misérable qu'est la vie des sauvages, ils ne la changeraient point pour celle des peuples civilisés.

Quelles que fussent l'expérience et l'habileté d'Annibal, quelque sages que fussent ses dispositions, quelle que fût la valeur de ses troupes, la fortune le trahit à Zama. Quelle que fût la jeunesse de Scipion, quelle que fût la résistance des Carthaginois, le général romain remporta une victoire complète.

Quelques Spartiates suffirent pour arrêter, aux Thermopyles, les troupes de Xerxès, tout innombrables qu'elles étaient.

MÊME.

RÈGLE. Même *est adjectif ou adverbe : dans ce dernier cas, il est invariable.*

Même *adverbe signifie* aussi, de plus, *et l'on peut alors, sans altérer la phrase, le faire changer de place.* Dans ce sens., il se place généralement après les verbes et après plusieurs noms.

I.

Les hommes, les monumens et les villes même sont frappés par la faulx du Temps.

Les déserts, les ruines même ont des charmes.

Les rois mêmes sont sujets à la mort.

Tout passe : les plaisirs, les douleurs même s'envolent sur les ailes du Temps.

Les rois mêmes venaient tout exprès à Babylone pour visiter cette ville magnifique.

Les animaux, les plantes, les légumes même étaient adorés en Egypte.

Brutus ne se laissa ébranler ni par les larmes de ses fils, ni par les vœux du peuple, ni par les prières même des sénateurs.

Les menaces, les supplices, les tortures même n'abattirent jamais la fermeté d'Eléazar.

Les promesses, les présens même de Pyrrhus ne purent corrompre Fabricius.

II.

Combien de gens s'enthousiasment ridiculement pour des riens ! combien de gens même admirent dans un ouvrage ce que blâment les gens de goût.

Les formules d'admiration outrée nuisent aux ouvrages mêmes qu'on loue.

Les formules d'admiration outrée ne font pas toujours accueillir favorablement un ouvrage du public : elles lui nuisent même souvent.

Les passages que vous avez trouvés faibles sont les passages mêmes que j'ai condamnés.

En traduisant cet auteur, on a omis des passages même tout entiers.

Il y a des sots, des stupides même, et, j'ose le dire, des imbéciles qui se placent en de beaux postes.

*3

RÉCAPITULATION.

I.

Il y a dans le Jura une caverne dont personne, jusqu'à présent, n'a été assez hardi pour sonder la profondeur.

Il y a des personnes assez hardies pour descendre dans la grotte d'Anti-Paros.

Le commerce et l'agriculture demandent à être encouragés.

Les personnes habituées à fréquenter la bonne compagnie, ont quelque chose d'aisé dans leurs manières; au contraire, les gens habitués à vivre loin du monde, ont ordinairement quelque chose de gêné et de contraint.

Quelque soit la finesse des trompeurs, quelque ruses qu'ils déploient, ils s'enlacent dans leurs filets mêmes.

J'ai connu des enfans qui s'étaient habitués de bonne heure à dormir nu-tête; ils était moins souvent incommodés que ceux qui ne dorment pas tête-nue.

II.

Hercule est le plus célèbre des demi-dieux.

Mon fils aîné a six ans et demi.

Quelle heure est-il? Six heures et demie.

Toute hargneuse qu'est cette chienne, je l'aime, parce qu'elle m'est tout attachée.

Toute savante, tout harmonieuse qu'est la musique de ce compositeur, je préfère celle de Grétry.

Quelques qualités que vous ayez, elles sont ternies par un défaut insupportable.

Quelque vantés que soient ces orateurs, quelle que soit leur réputation, leurs œuvres ne seront jamais des modèles.

Je reconnais dans ce sermon les pensées mêmes de saint Bernard.

Je reconnais dans ce sermon des pensées et des phrases même tout entières tirées de saint Bernard.

ADJECTIFS NUMÉRAUX.

CENT et VINGT.

RÈGLE. *Les adjectifs de nombre cardinaux sont invariables, mais* cent *précédé d'un autre adjectif de nombre et* vingt *précédé de quatre, prennent une* s, *quand ils ne sont pas suivis d'un autre adjectif de nombre.*

I.

Du lac Sodôme à Damas on compte quatre-vingts lieues.

On ne peut citer un roi de France qui ait vécu quatre-vingts ans.

En Norwège, un homme de quatre-vingts ans ou même de cent ans, ne passe pas pour être hors d'état de travailler.

On admire à Strasbourg la tour de la cathédrale, à laquelle on travailla cent soixante-deux ans, et qui a cinq cent soixante-quatorze pieds de haut. On y monte par un escalier qui a six cent trente-cinq marches. Le pont de bois entre cette ville et Kehl, a près de six cents pieds de long.

Le puits de Joseph, en Égypte, a cent quatre-vingts pieds de profondeur.

Rome est à trois cent vingt-sept lieues de Paris, à quatre cent vingt-trois lieues de Londres, à cinq cent quinze de Stockholm, à six cents de Madrid.

II.

Charlemagne fut sacré empereur, l'an huit cent. Il mourut en huit cent quatorze.

En six cent soixante-quatre, le verre fut inventé en Angleterre par le moine Bénalt.

Jacob vécut cent quarante-sept ans; Joseph, cent dix ans.

Les chiffres arabes furent apportés en France par les Sarrasins, en neuf cent quatre-vingt onze.

Clovis fut baptisé en quatre cent quatre-vingt-seize, et mourut en cinq cent onze.

L'an quatre cent, les cloches furent inventées par l'évêque Paulin.

Le gouffre de Maëlstrom, dans les mers de Norwège, a, dit-on, quatre cents toises de profondeur.

La boussole fut connue en France vers l'an douze cent; le thermomètre, en seize cent.

Moscou est à sept cents lieues de Paris.

MILLE.

RÈGLE. *Pour la date des années, on écrit* mil *au lieu de* mille *au commencement d'un nombre.*

Mille, *signifiant une étendue de mille pas, est un nom qui prend la marque du pluriel.*

I.

L'an mil sept cent vingt-cinq, des libéralités furent faites par l'impératrice de Chine aux pauvres femmes qui passaient soixante-dix ans. Il s'en trouva, dans la seule province de Kanton, quatre-vingt-dix-huit mille cent quatre-vingt-treize qui passaient quatre-vingts ans, et trois mille quatre cent cinquante-trois qui approchaient de cent ans.

L'an quatre mille quatre du monde, Jésus-Christ naquit.

Vers l'an mille, on se servit de papier fait avec des lambeaux de coton. En mil cent soixante-dix, on se servit de papier fait avec des chiffons de toile. Vers l'an mil cinq cent quatre-vingt-huit, il s'établit en Angleterre une papeterie de ce genre.

II.

Le Gange, un des plus beaux fleuves de l'Asie, se jette dans la mer après un cours de plus de quinze cents milles.

En Allemagne, on compte par milles : deux milles d'Allemagne équivalent à-peu-près à quatre lieues de France.

Les *Mille et une Nuits* sont des contes très-ingénieux et très-amusans.

L'an mil quatre cent cinquante-cinq, Constantinople fut prise par les Turcs.

Nankin, ville fameuse de la Chine, a douze cent mille habitans; Pékin n'en a que huit cent mille.

Le royaume Lombardo-Vénitien a treize mille huit cent quatre-vingts milles carrés.

L'an mil cent quinze, trois cantons de la Suisse secouèrent le joug de l'Autriche et fondèrent la liberté de leur pays.

RÉCAPITULATION.

I.

Dans ce village règne une franchise et une simplicité qui sont inconnues ailleurs.

Télémaque remarquait dans Mentor quelque chose de surnaturel.

Nulle chose n'est plus détestée que la fatuité.

Comment voulez-vous qu'on vive avec de pareilles gens qui sont fourbes et dissimulés?

Un de mes amis restera chez moi, jusqu'à onze heures et demie : j'irai vous rejoindre à midi et demi au plus tard.

Nous étions à table une demi-douzaine.

Cette chambre nue est triste.

Ce jardinier s'est tellement endurci les pieds, qu'il marche nu-pieds sur des pierres pointues et tranchantes.

Sophie est arrivée tout éplorée, toute haletante, les mains toutes pleines de sang et sa robe toute déchirée.

Quelques secours qu'on ait donnés au malade, on n'a pu le sauver.

II.

Quelle que soit la science de ce médecin, je n'ai aucune confiance en lui.

Quelque grands que soient les rois, ils sont ce que nous sommes.

Les enfans qui ont eu les prix, sont les enfans mêmes dont nous avons admiré les réponses.

Tous les écoliers de cette classe, les plus faibles même,

ont de l'émulation. Ceux qui travaillent même le moins sont encore de bons élèves.

On compte treize cents auteurs imprimés entre les années quatorze cent cinquante-sept et quinze cent.

Six cents de nos soldats ont été tués dans ce combat : six cent vingts ont été blessés ; l'ennemi a eu quatre cent quatre-vingts tués et quatre-vingt blessés.

Le duché de Savoie s'est formé en l'an mille.

L'an mil huit cent trente, l'hiver a été fort rigoureux.

Ce cheval fait six milles par jour.

LE, LA, LES, pronoms.

RÈGLE. *Quand le, la, les, pronoms, se rapportent à un nom, ils doivent s'accorder ; mais ils sont invariables, quand ils ont rapport à un adjectif ou à un verbe.*

Madame, êtes-vous la mère de cet enfant ? Je la suis.

Mademoiselle, êtes vous indisposée ? Je le suis.

Quand on demandait à Cornélie, mère des Gracques, si elle était riche, elle répondait : Je le suis, et elle montrait ses enfans, qu'elle appelait ses bijoux et ses ornemens.

Germanicus dit à ses soldats mutinés : Etes-vous les soldats que j'ai conduits à la victoire ? Nous les sommes, répondirent-ils. Etes-vous Romains ? ajouta-t-il. Nous le sommes, s'écrièrent-ils. Eh bien ! obéissez à votre général, et retournez à vos drapeaux. La révolte cessa tout-à-coup.

Enfans, êtes-vous sages ? Nous le sommes. Etes-vous laborieux ? Nous le sommes. Etes-vous les élèves qui ont remporté les prix ? Nous les sommes.

Les mathématiques sont plus difficiles à étudier que je ne l'aurais cru.

Madame Pimbêche disait : Moi, que je sois liée ! je ne le serai pas.

RÉCAPITULATION.

I.

La langue grecque et la langue latine auxquelles vous vous livrez exclusivement, méritent assurément vos soins; mais la géographie et l'histoire ne devraient pas être négligées.

Bélisaire fit la conquête de l'Afrique, en quatre-vingt-dix jours.

La demi-lune a été emportée en deux heures et demie de temps.

Votre humeur est tout autre qu'elle n'était autrefois.

Ces hardes sont tout usées; mais, tout usées qu'elles sont, elles peuvent encore être de quelque utilité.

Les anciens Germains étaient, dit-on, sujets à la phtisie, par l'habitude qu'ils avaient de rester nu-bras et la poitrine nue.

Achille enfonça son fer dans un endroit où il vit nue la gorge d'Hector.

Tous ces braves gens ont été charmés de nous voir.

Cette jeune personne est toute raisonnable.

Il avait la figure toute hâve.

Quelques démarches qui aient été faites, on n'a pu réussir.

Quelque puissans que soient vos amis, vous n'obtiendrez point l'emploi que vous sollicitez.

II.

Quelles qu'aient été la justice et la vertu d'Aristide, on ne peut dire que sa vie soit sans tache.

Andromaque se plaisait à retrouver dans le jeune Iule, les traits mêmes de son cher Astyanax.

On trouve dans les hommes mêmes les plus vertueux, une foule d'imperfections.

Les mines commencèrent à être pratiquées vers l'an quinze cent.

Dans l'espace de quinze cents ans, que de révolutions se sont opérées!

En quatorze cent cinquante-huit, l'Université comptait vingt-cinq mille étudians.

Quatre-vingts chevaux ont péri.

Le soldat romain s'habituait à faire, chargé d'armes pesantes, plusieurs milles par jour.

Cette lettre est datée du vingt-deux octobre mil huit cent vingt-neuf.

Madame, êtes-vous maîtresse de musique? Je le suis. Etes-vous la maîtresse de musique dont on m'a parlé? Je la suis.

Etes-vous gentilshommes, Messieurs? — Nous ne le sommes pas.

ACCORD DU VERBE avec qui.

RÈGLE. *Quand le verbe a pour sujet* qui, *il prend le nombre et la personne de l'antécédent de ce pronom.*

I.

C'est moi qui vous ai élevé, qui vous ai instruit, qui ai cherché à former votre cœur et votre esprit.

C'est toi qui t'es montré ingrat envers ton bienfaiteur, qui m'as abreuvé de dégoûts, qui as empoisonné ma vieillesse.

Voici ce que Dieu dit aux Hébreux : C'est moi qui vous ai tirés de la terre d'Egypte; c'est moi qui vous ai conduits dans la terre promise. Vous n'adorerez pas d'autre Dieu que moi, car c'est moi qui suis le Seigneur votre Dieu.

Je suis le Seigneur qui ai fait toutes choses.

C'est moi seul qui ai étendu les cieux.

O Dieu! c'est toi qui diriges les mondes et peuples les abîmes de millions de soleils entassés!

C'est vous, hypocrites, qui prêchez la vertu, et c'est vous qui la pratiquez le moins.

La nature brute est hideuse et sauvage : c'est moi, dit l'homme, moi seul qui peux la rendre agréable et vivante.

II.

Lorsque David eut péché, le prophète Nathan vint lui dire, de la part de Dieu : C'est moi qui vous ai établi roi d'Israël; c'est moi qui vous ai délivré de la fureur de Saül. Pourquoi avez-vous méprisé ma parole ? C'est vous qui avez pris la femme d'Urie, vous qui avez fait périr ce fidèle serviteur sous les coups des Ammonites. Votre maison va devenir un théâtre de malheurs.

Thémistocle fugitif écrivit à Artaxercès, roi de Perse : C'est moi qui ai sauvé ton père; c'est moi qui lui ai donné un avis utile, lorsque les Grecs voulaient lui couper la retraite; c'est toi aujourd'hui qui dois reconnaître ce service en m'offrant un asile. O toi qui vis dans l'abondance, secours les malheureux, si tu veux qu'ils bénissent ton nom.

RÉCAPITULATION.

I.

On ne peut s'empêcher de trouver très différens un bel ouvrage et un bon ouvrage.

Personne n'a jamais été plus circonspect que le duc de Bragance.

Que de gens nés pour l'obscurité, se sont vus portés aux plus hautes charges de l'état !

Il y a dans le visage de l'homme quelque chose de noble, de fier, d'élevé qui dénote le roi des animaux.

A la mi-mai, les orangers peuvent, dans le climat de Paris, être mis dehors.

La terre fait sa révolution autour du soleil en trois cent soixante-cinq jours cinq heures et demie et quelques minutes.

Cette composition est trop nue.

Nu-bras, les cheveux épars et la robe relevée jusqu'aux genoux, Médée faisait ses conjurations magiques dans le silence des nuits.

L'hyène a la mine toute hagarde.

La fortune toute seule ne suffit pas pour rendre l'homme heureux.

II.

La mer est tout agitée.

Il a plu long-temps : la terre est encore tout humide.

Quelles qu'aient été les sollicitations de mes amis, par quelques promesses qu'on ait voulu m'attirer, quelque séduisantes qu'aient été les offres qu'on m'a faites, je n'ai point hésité à préférer une médiocrité tranquille, à la vie tumultueuse du grand monde.

Les hommes avides, insatiables, inexorables même, ont souvent la manie de passer pour bons.

Vous nous dites les choses mêmes que vous nous avez déjà dites.

Vous êtes sans doute la marchande que j'ai fait demander ? Je la suis.

Je suis l'homme qui vous a fait le plus de bien : de tous les hommes, vous êtes celui qui m'a fait le plus de mal. N'est-ce pas vous qui m'avez déchiré, qui m'avez calomnié, qui m'avez privé de l'estime publique, qui m'avez plongé dans un abîme de malheurs ? Et que vous ai-je fait, moi qui vous ai aidé de mon crédit et de ma bourse, qui vous ai protégé, qui vous ai rendu tous les services imaginables ?

III.

En mil huit cent un et en mil huit cent sept, les Anglais passèrent le détroit du Sund sous le feu des batteries danoises.

L'an cinq cent trente-trois, Bélisaire partit avec seize mille hommes pour faire la conquête de l'Afrique, qui était au pouvoir des Vandales depuis quatre-vingt-quinze ans.

Les Romains furent gouvernés par des rois pendant près de deux cent cinquante ans. Depuis le consulat de Brutus, jusqu'à celui d'Appius, il s'écoula deux cents ans. De là jusqu'à Auguste, il y eut un intervalle de deux siècles et demi.

Ce vieillard a passé quatre-vingts ans dans l'exercice des vertus.

L'an mil sept cent soixante treize, eut lieu le premier démembrement de la Pologne.

ACCORD DU VERBE AVEC LES COLLECTIFS.

Règle. Quand le verbe a pour sujet un collectif général ou un collectif partitif suivi d'un nom au singulier, il s'accorde avec le collectif. Quand il a pour sujet un collectif partitif suivi d'un complément pluriel, il s'accorde avec ce complément.

Quelquefois le complément pluriel est sous-entendu, ce qui n'empêche pas l'accord du verbe, comme si ce complément était exprimé.

I.

La plupart des écoliers de cette classe sont attentifs ; plusieurs cependant sont indociles et désobéissans.

La plupart des hommes meurent sans le savoir.

Le commun des hommes, surtout ceux de la campagne, voient la mort sans effroi.

Une infinité d'étoiles sont invisibles.

La multitude des divinités égyptiennes était infinie.

La totalité des pays de l'Afrique n'a pas encore été explorée; une foule de voyageurs modernes ont fait cependant des découvertes importantes pour la géographie.

La foule des sénateurs romains parut à Cynéas une assemblée de rois.

Une infinité de philosophes de tous les lieux et de tous les temps ont proclamé l'existence d'un être suprême.

II.

Le plus grand nombre des bons citoyens d'Athènes ont été exilés.

La plupart des confidences sont froides et déplacées, à moins qu'elles ne soient nécessaires.

La multitude des canaux qui coupent la Hollande sert à transporter les denrées.

Cette quantité d'eau se trouve encore prodigieusement augmentée par le défaut d'écoulement.

Promenez vos regards sur cette ville opulente : dans cent ans la multitude de citoyens qu'elle renferme aura cessé d'exister.

Une multitude infinie de sauterelles se répandent parfois sur les plaines fertiles de l'Egypte, qu'elles dévastent en un instant.

Quantité d'historiens ont fardé la vérité. Peu d'entre eux ont dénoncé, avec autant d'énergie que Tacite, les crimes des rois à la postérité.

Beaucoup d'hommes ont pratiqué la vertu. Combien peu l'ont aimée comme Caton !

III.

Une compagnie de négocians anglais fonda de vastes établissemens dans les Indes.

Un grand nombre de lacs et de rivières arrosent la Suisse : la multitude de collines et de montagnes dont elle est hérissée lui donne un aspect varié et pittoresque.

Quantité de bois et d'animaux est apportée en Islande par les glaces qui se détachent au mois de mai des terres arctiques.

La plupart des Islandais sont bien conformés ; mais il y en a peu qui soient grands et vigoureux.

Une troupe de singes se présenta à Alexandre, comme pour lui livrer bataille.

Beaucoup d'Irlandais ont conservé leurs anciennes mœurs et leur religion.

Chez les Grecs, une foule d'artistes se sont distingués dans la sculpture, mais peu de leurs ouvrages nous sont parvenus.

Une infinité de sources descendent des montagnes de l'Amérique, et forment les plus grands fleuves de la terre.

RÉCAPITULATION.

I.

Il n'y a personne, dit Cicéron, d'assez peu éclairé pour croire à l'hippocentaure, à la chimère, et à tout ce que la fable raconte des enfers.

Quelle personne est assez peu éclairée maintenant pour ne pas savoir que la pourriture n'engendre pas d'animaux.

Les sottes gens sont généralement entêtés.

Les oracles avaient toujours quelque chose d'obscur et d'ambigu.

La peau nue vue au microscope présente bien des aspérités.

Ne craignez-vous pas de rester nu-pieds et jambes nues dans cette saison?

Ce mérinos a une demi-aune de large, en voulez-vous six aunes et demie?

Cette jeune personne est toute honteuse de la faute qu'elle vient de commettre. Ses parens en sont tout étonnés ; sa mère principalement en est pénétrée de douleur.

Quelles que fussent les victoires de Pyrrhus, quelque décisives qu'elles parussent, le sénat de Rome refusa la paix à ce prince. Les Romains, quelques revers qu'ils essuyassent, avaient pour maxime de ne traiter avec l'ennemi, que lorsqu'il était hors du territoire de la république.

II.

Quels qu'aient été votre sang-froid et votre présence d'esprit, vous vous êtes laissé surprendre.

J'ai parcouru les lieux mêmes dont Rousseau a fait une si belle description.

Nous trouvons, même dans les hommes les plus dépravés, quelques bonnes qualités.

Etes-vous militaires, Messieurs? — Nous le sommes.

Etes-vous, Mademoiselle, cette amie dont ma fille m'a tant parlé? — Je la suis. Etes-vous amie de ma fille? — Je le suis.

C'est moi qui ai bâti cette maison, qui ai dessiné ce jardin, qui ai semé et planté tout ce qui s'y trouve.

C'est toi qui es la cause du bonheur que je goûte, qui m'as procuré l'aisance dont je jouis, qui assures mon repos pour le reste de mes jours.

L'an mil sept cent quatre-vingt-quatre, l'indépendance des Etats-Unis d'Amérique fut reconnue par l'Angleterre.

III.

Vitigès vint camper à deux milles de Rome sur le bord du Téveron, vis-à-vis d'un pont où Bélisaire avait fait bâtir une tour pour disputer le passage.

Bélisaire fut dédommagé de la perte de Porto par l'arrivée de seize cents cavaliers.

Vers l'an seize cent, les Anglais fondèrent des colonies dans l'Amérique septentrionale.

Quatre-vingts villes furent réparées et sortirent de leurs ruines.

Un rassemblement de personnes attirées par la curiosité se forma en un instant.

J'ai dans ma volière une multitude d'oiseaux qui font retentir l'air de leurs chants.

La troupe de brigands se partagea nos dépouilles.

Une troupe nombreuse de loups se précipita sur ce malheureux, et le mit en pièces.

Cette troupe de brigands qui désolaient la contrée, a été arrêtée.

Quantité de personnes aiment à répandre de fausses nouvelles.

ACCORD DU VERBE PRÉCÉDÉ de ce.

RÈGLE. *Ce, suivi d'un pronom pluriel de la troisième personne ou d'un nom pluriel, veut le verbe au pluriel. Avec nous et vous, ce veut le verbe au singulier.*

I.

Ce furent les Phéniciens qui inventèrent la navigation.

Ce sont les labeurs du paysan qui assurent la subsistance du riche.

C'est nous, braves amis, que l'univers contemple.

Ce sont les aigles romaines qui ont soumis le monde.

C'étaient l'ambition et la passion de la gloire qui entraînaient Alexandre dans des entreprises téméraires.

Des gens entourant Diogène qui déjeûnait sur la place publique, lui disaient sans cesse : Chien, chien ! C'est vous, lui répondit-il, qui êtes des chiens, vous qui vous tenez autour de moi pendant que je mange.

C'étaient les lauriers de Miltiade qui réveillaient Thémistocle ; c'étaient les souvenirs de ses victoires qui allumaient en lui l'amour de la gloire.

Ce sont, dit Chilon, les trois choses les plus difficiles et en même temps les plus rares, que de taire un secret, d'obliger un ennemi et de se connaître soi-même.

L'œil appartient à l'âme plus qu'aucun autre organe ; c'est le sens de l'esprit, c'est la langue de l'intelligence.

Ce doivent être de grandes consolations pour l'homme dans ses malheurs, que l'estime de ses semblables et le témoignage d'une bonne conscience.

Ce furent les entreprises de Charles XII qui firent déchoir la Suède ; ce furent l'audace et la témérité de ce prince qui causèrent sa perte.

Ce doit être aux muses d'immortaliser les grands hommes.

Fuyez les curieux ; ce sont à coup sûr des indiscrets.

Ce ne sont pas les riches égoïstes qui laissent le plus de regrets après leur mort ; ce sont les hommes simples et bienfaisans.

II.

C'était nous qui étions appelés à la nouvelle ambassade : mais ce furent vos sollicitations qui me déterminèrent à faire le sacrifice de cet emploi.

Ce doivent être de grands maux pour un état que des lois trop sévères.

Ce sont les jours de congé que les écoliers aiment le mieux.

Ce devaient être des guerriers bien terribles que les Scandinaves.

Ce sont la justice et la bonté de Louis XII qui l'ont rendu digne du surnom de Père de la patrie.

Ce sont et ce seront toujours des vérités consolantes, que celles qui proclament l'existence de Dieu et l'immortalité de l'âme.

Ce furent diverses raisons politiques qui déterminèrent Constantin à transporter le siège de l'empire à Constantinople.

RÉCAPITULATION.

I.

La capitale entière et toutes les villes même de l'empire partageaient les querelles des factions du cirque.

La bataille de Tricamare ne coûta que cinquante hommes aux Romains qui la gagnèrent, que huit cents aux barbares, et décida néanmoins du sort de l'Afrique.

Les Maures combattaient presque nus, et n'avaient pour armes qu'une épée, une rondache et deux javelots.

A la mi-août, les nuits commencent à devenir fraîches.

Un aqueduc de quatre-vingts arches fournit de l'eau à la ville de Placentia en Espagne.

Toute fertile qu'est l'Espagne, elle est peu cultivée.

Tout escarpées, tout impraticables que sont les sommités du mont Saint-Bernard, la charité chrétienne a fondé un hospice sur les hauteurs mêmes les plus élevées du passage. Cet hospice est placé à sept mille cinq cent quarante-deux pieds au-dessus de la mer.

Quelle que fût la bonté d'Henri IV, quelle que fût sa clémence, il ne put échapper au poignard des assassins.

Quelque beaux que soient les poëmes d'Ossian, on leur reproche de la monotonie.

II.

Rome avait environ douze milles de circonférence.

Une infinité d'hommes ne savent comment employer le temps : une multitude d'autres n'en ont jamais assez pour faire leurs affaires.

Que faire avec des gens pareils ?

Que faire avec de pareilles gens qui sont ignorans et bornés ?

L'infinité de raisons que vous m'alléguez, me prouve que vous n'en avez pas une bonne à me donner.

La demie est-elle sonnée ?

L'armée qui n'est pas sûre de vaincre est à demi-vaincue.

Il y a des hommes nés inaccessibles, et ce sont précisément ceux de qui les autres ont besoin.

Ce sont les gens qui vous étouffent de caresses, dont il faut le plus vous défier.

Une infinité de bestiaux ont été trouvés morts dans l'étable.

III.

Il y a une comète qui fait une révolution complète en douze cents jours (trois ans et demi environ.) C'est la seule dont le retour soit bien constaté.

Ces gens sont-ils vindicatifs? Ils le sont à l'excès.

Toutes hasardées, tout aventureuses, toutes téméraires qu'étaient les entreprises de Charles XII, le succès couronna long-temps ses efforts.

Les ouvrages mêmes les plus beaux ne sont pas exempts de défauts.

Le serpent de l'Océan a trois cents pieds de long : des auteurs même disent six cents.

Le kraken est un énorme poisson qui a, dit-on, une demi-lieue de circonférence. En seize cent quatre-vingt, un jeune kraken périt sur les rochers de la paroisse d'Astahoug, et sa mort fut suivie d'une si grande peste, que le canal cessa d'être fréquenté.

Une foule d'excellens auteurs ont illustré le siècle de Louis quatorze.

La foule d'auteurs qu'a produit le dix-huitième siècle est innombrable.

Une foule d'importuns me dérangent à chaque instant.

Les Grecs, les Romains même, tout grands, tout héroïques qu'ils étaient dans l'origine, finirent par courber la tête sous le joug.

IV.

Cette charmante maison est située à mi-côte.

Le Chimboraçao, la plus haute montagne des Cordillières, a six mille trois cent trente mètres au-dessus du niveau de la mer. On le voit en mer à quatre-vingts lieues de distance.

Vous êtes fous, disait Molière à ses amis, de vouloir aller vous noyer sans moi. C'est vrai, lui répondirent-ils, nous le sommes. Mais, reprit Molière, quelque pressés que vous soyez, attendez à demain. Le lendemain, ils avaient oublié un projet conçu dans l'ivresse.

La politesse veut que nous parlions nu-tête à nos supérieurs.

Quelques honneurs, quelques dignités que vous accordiez à un ambitieux, quelques largesses que vous accordiez à un avare, vous ne pourrez jamais étancher la soif qui les dévore.

Ce champ contient deux arpens et demi.

L'an six cent avant Jésus-Christ, Thalès de Milet voyagea en Égypte, et rapporta dans la Grèce la connaissance de la géométrie, de l'astronomie et de la philosophie.

V.

L'ordre et l'utilité publics ne peuvent jamais être les fruits du crime.

Le bonheur et la témérité ont pu faire des héros, mais la vertu toute seule peut former de grands hommes.

Ce sont ces deux vérités que je me propose de réunir dans ce discours, en vous exposant quelles sont les suites infinies des passions.

A votre perte et à votre salut sont attachés la perte et le salut de tous ceux qui vous environnent.

C'est vous seuls qui donnez à la terre des poètes lascifs, des auteurs pernicieux, des écrivains profanes.

Ce sont les riches et les puissans qui vivent sans autre Dieu dans ce monde que leurs plaisirs injustes.

C'est vous seuls qui disputez à Dieu les plus légers

hommages ; c'est vous qui vous croyez dispensés de tout ce que sa loi a de pénible et de sévère.

VI.

O vous qui vous intéressez à la vertu malheureuse, faites l'aumône au pauvre Bélisaire !

Ma mère et moi, nous avons trouvé exagérée cette pensée de Saadi : Le cœur d'un père repose sur son fils ; le cœur d'un fils repose sur la pierre.

Quantité d'hommes admirent les merveilles de la nature ; mais peu s'arrêtent à en pénétrer les secrets.

O mon fils, disait César à Brutus, moi qui t'ai conservé la vie, tu veux m'assassiner.

Dieu promit à Abraham que la multitude de ses descendans égalerait celle des étoiles et des grains de sable de la mer.

Flaccus, toi qui cherches la vérité, commence par te connaître toi-même.

Thésée, Hercule et moi, nous vous avons montré le chemin de la gloire où vous êtes entré.

Une nuée d'insectes dévorans se jetèrent sur la fertile Egypte.

Cette nuée d'insectes était si épaisse qu'elle nous dérobait le jour.

DU PARTICIPE.

DE L'ADJECTIF VERBAL ET DU PARTICIPE PRÉSENT.

L'adjectif verbal et le participe présent sont tous deux terminés en ant. *Mais le premier est variable ; le second au contraire, est invariable. On reconnaît généralement le participe présent aux signes suivans :* 1°. *lorsqu'il marque une action et peut se changer en un autre temps du verbe précédé de* qui, lorsque, puisque, parce que, *etc.;* 2°. *quand il est suivi d'un complément direct ou d'un adverbe.*

I.

Ma sœur est aimante.

Je ne connais personne aimant ses frères autant que ma sœur.

J'ai vu les troupeaux errant dans la campagne.

J'ai vu dans la campagne les troupeaux errans.

J'ai vu vos brebis errantes.

Des chiens dévorans se disputaient les lambeaux de sa chair.

Les chiens aboyant annoncèrent l'arrivée de leur maître.

Entendez-vous ces chevaux hennissans et ces trompettes retentissantes? C'est le présage du combat qui s'apprête.

Entendez-vous ces tigres rugissant dans le silence des nuits?

Les vierges de Raphaël sont ravissantes de beauté.

Le berger a surpris un aigle ravissant un mouton.

Mical avait fait une statue parlante.

Ce mécanicien avait imaginé une statue parlant intelligiblement.

C'est une femme allante et agissante, mais d'ailleurs contrariante et médisante.

C'est une femme allant toujours, agissant du matin au soir, mais d'ailleurs contrariant tout le monde et médisant de son prochain.

C'est une femme perpétuellement allante, perpétuellement agissante, mais du reste sans cesse contrariante et naturellement médisante.

II.

J'ai vu une pauvre femme bien souffrante.

J'ai trouvé cette femme souffrant de la goutte.

Ma mère est perpétuellement souffrante; cependant j'ai été surpris de la voir ne souffrant pas aujourd'hui.

Empêchez les allans et les venans de passer par ici.

Je ne veux point avoir sous mes yeux des gens allant et venant sans cesse.

Sans cesse allant et venant, ces personnes m'obsèdent.

Ma sœur a acheté une robe fort approchante de la vôtre.

Ce sont deux couleurs fort approchantes l'une de l'autre.

Les ennemis s'approchant firent feu sur nous.

Descendante des Scipions, Cornélie avait toute la grandeur d'âme des héros de sa race.

Les Suisses descendant du sommet des montagnes, mirent en déroute l'armée de Charles-le-Téméraire.

Spallanzani, par le moyen du microscope, découvrit dans une goutte d'eau une multitude infinie d'êtres vivans.

Ce sont de pauvres gens vivant comme nous du fruit de leurs travaux.

III.

La fraîcheur naissante de la nuit calmait les feux de la terre embrasée.

Errant dans les bois et au bord des fleuves, les hommes sentirent leur faiblesse individuelle, et bientôt, s'aidant l'un l'autre, ils saisirent le chevreau léger, la brebis timide, et, s'applaudissant de leur industrie, ils s'assirent dans la joie de leur âme.

Des factieux, profitant du mécontentement des esprits, flattèrent le peuple de l'espoir d'un meilleur maître.

De quel œil Dieu doit-il voir vos bras fumant du sang qu'il a créé?

La terre était encore fumante, à l'endroit où ces malheureux avait été égorgés la veille.

Voyez ces arbres sans écorce et sans cime, courbés, rompus, tombant de vétusté; d'autres, en plus grand nombre, gisant au pied des premiers, étouffent, ensevelissent les germes prêts à éclore.

IV.

Les flots du Gange sont quelquefois retentissans comme les feux roulans de la foudre.

Que d'hommes, ne plaisant pas par la grâce de leurs manières, n'excitant même que la pitié par la difformité de leurs traits, savent cependant attacher leurs auditeurs par l'étendue et la variété de leurs connaissances!

Les Romains, ne soupçonnant pas d'embûches, s'engagèrent dans les Fourches-Caudines.

Les Athéniens restés aux environs de Salamine, voyant l'Attique incendiée, et apprenant que l'enceinte sacrée de

Minerve était renversée, tombèrent dans un grand abattement.

Dans vos peintures, rendez vivantes et parlantes les grandes figures des temps passés.

Au siège d'Ira, ce fut à la lueur brûlante des éclairs, au bruit sourd de la foudre retentissante, que les Messéniens combattirent sans interruption pendant trois jours, contre des ennemis sans cesse renaissans.

V.

Tantôt les regards, errant sur la chaine successive des montagnes, portent l'esprit, en un clin d'œil, d'Antioche à Jérusalem; tantôt, se rapprochant de tout ce qui les environne, ils sondent la lointaine profondeur du rivage.

On aime à voir à ses pieds ces sommets, jadis menaçans devenus, dans leur abaissement, semblables aux sillons d'un champ ou aux gradins d'un amphithéâtre.

La mort va tout moissonnant.

Quand la femelle de l'ours a perdu ses petits, elle annonce sa douleur, non par des cris perçans, par des rugissemens terribles; mais elle est triste et gémissante : c'est une mère pleurant ses enfans.

Les dauphins sautant annoncent l'approche de la tempête.

Que de faibles entraînés! que d'âmes chancelantes retenues dans le devoir!

Que d'âmes chancelant dans le devoir ont été rappelées à la religion par les bons exemples!

ACCORD DU PARTICIPE PASSÉ.

ACCORD DU PARTICIPE PASSÉ SANS AUXILIAIRE OU ACCOMPAGNÉ DU VERBE *être*.

RÈGLE. *Le participe passé, employé sans auxiliaires, ou accompagné du verbe* être, *s'accorde,* comme l'adjectif, avec le nom auquel il se rapporte.

I.

Votre sœur a été accusée d'avoir commis des fautes : elle a été punie comme elle le méritait.

Une femme a été surprise égorgeant son enfant. Atteinte et convaincue de ce crime horrible, elle a été jugée, condamnée et exécutée.

Attaquée au dehors par les barbares, déchirée au dedans par des ambitieux, Rome devait succomber, et elle succomba.

Depuis trois siècles surtout, les lumières ont été propagées, et la civilisation, favorisée de circonstances heureuses, a fait des progrès sensibles.

La liberté, la santé, la force, ne sont-elles pas préférables à la mollesse, à la sensualité, à la volupté même accompagnées de l'esclavage.

II.

Au nom du Tage tant célébré par les poëtes, l'imagination, involontairement réveillée, se retrace les plus rians tableaux. Elle se figure des rives enchanteresses formées par de longues prairies émaillées des fleurs les plus odorantes. Elle erre, délicieusement exaltée, sous l'ombrage aromatique d'arbres épais dont les rameaux, enlacés à ceux du laurier d'Apollon, sont courbés sous le poids de leurs pommes d'or.

Les fleurs, les fruits, les grains perfectionnés, multipliés à l'infini; les espèces utiles d'animaux transportées, propagées, augmentées sans nombre; les espèces nuisibles réduites, confinées, reléguées; l'or et le fer tirés des entrailles de la terre; les torrens contenus; les fleuves dirigés, resserrés; la mer même soumise, reconnue, traversée d'un hémisphère à l'autre; la terre partout rendue aussi vivante que féconde; les collines chargées de vignes et de fruits; les déserts devenus des cités habitées par un peuple immense; des communications établies partout : tels sont les monumens qui attestent la gloire et la puissance de l'homme.

ACCORD DU PARTICIPE PASSÉ AVEC SON COMPLÉMENT DIRECT.

RÈGLE. *Le participe passé accompagné du verbe* avoir, *n'est variable que quand il est précédé de son complément direct : il s'accorde avec ce complément qui est ordinairement représenté par un des pronoms* le, la, les, me, te, nous, vous, se, que, *etc. Les participes des verbes neutres conjugués avec* avoir, *sont nécessairement invariables puisqu'ils n'ont pas de complément direct* (1).

I.

Nous avons rangé la bibliothèque; la bibliothèque est rangée; la bibliothèque que nous avons rangée. — Ma chambre est balayée; nous avons balayé la chambre; la chambre que nous avons balayée. — Vous avez acheté des livres; les livres sont achetés; les livres que vous avez achetés, je les ai lus. — Nous avons attendu les convives; les convives que nous avons attendus, ne sont pas venus; nous les avons vainement attendus. — Les hommes ont été mordus; les chiens qui ont mordu; les chiens qui nous ont mordus. — Nous avons engraissé des poulets; les poulets qui ont été engraissés; les poulets que j'avais engraissés, je les ai tués et mangés. — Les murs qui sont réparés; les murs que j'ai réparés; j'ai réparé les murs. — Les sommes ont été payées; j'ai payé des sommes considérables; les sommes que j'ai payées. — Les ouvrages qui ont été composés; j'ai composé des ouvrages; les ouvrages que j'ai composés, les avez-vous trouvés méthodiques.

---

(1) *Coûté et valu* sont variables quand ils ont le sens de *causé, procuré,* etc. Exemple : Les peines que m'a coûtées cette affaire ; les louanges que m'a values cette action. *Couru* est variable, pris au figuré.

II.

Ils ont accusé; ils ont été accusés; on les a accusés. — Mes sœurs que j'ai trouvées pleines de joie. — Les arbres que j'ai vus revêtus de feuilles. — Les tonneaux que j'ai trouvés défoncés. — L'eau que j'ai vue répandue. — Le chien et le loup que j'ai aperçus, les avez-vous vus. — Le chien et la chienne que j'ai eus. — Le courage et la prudence que vous avez remarqués dans le général. — Les tableaux qui leur ont paru beaux. — Les vers qui nous ont semblé admirables. — Les discours que j'ai crus bien faits. — Les trois cents francs que ces ouvrages vous ont couté ont été mal employées. — Les six heures que j'ai dormi. — Les années que j'ai vécu dans la misère. — Les sommes que m'a valu cette maison. — La bête féroce qui a passé par ici, a laissé des traces de son passage; on l'a poursuivie, mais inutilement; elle a échappé à toutes les poursuites; elle est echappée. — Quelle perte avez-vous faite? quelles pertes ont été faites? — Quels voyages avez-vous faits? — Que de fautes ont été commises! que de fautes n'avons-nous pas commises!

III.

Les graines que j'avais recueillies, je les ai semées.

Les arbustes que vous avez plantés ont peri faute de soin.

La harpe que je vous ai donnée, vous a-t-elle paru bonne?

Les dessins que je vous ai envoyés, vous ont-ils plu?

Les militaires que j'ai vus sont morts de leurs blessures.

Les actions d'éclat qu'ont faites nos soldats, leur ont mérité la croix d'honneur.

Les jours que j'ai passés à la campagne m'ont paru des minutes. Ma sœur et moi nous y sommes allés en mauvaise santé: nous en sommes revenus bien portans. La salubrité de l'air, le régime que nous avons suivi, les distractions agréables que nous avons eues, les plaisirs tranquilles que nous avons goûtés, la satisfaction que nous avons éprouvée, ont opéré en nous un prompt changement.

Je regrette les sommes que m'a coûté cet ouvrage.

IV.

Les portraits que je vous ai montrés ont été faits par un artiste célèbre. Les avez-vous examinés? les avez-vous trouvés ressemblans.

Dites-moi, Mesdemoiselles, quelles sont les occupations que vous avez eues? Les leçons ont-elles été apprises? Ont-elles été récitées? Ont-elles été sues? Les devoirs qu'on vous avait donnés sont-ils faits? sont-ils écrits proprement?

Que de maux a produits la paresse!

Les deux vieillards que vous avez connus sont morts. La fortune qu'ils avaient acquise et les trésors qu'ils avaient amassés étaient immenses. Dans leurs testamens qu'ils avaient faits quelque temps auparavant, ils étaient convenus que le premier qui mourrait laisserait tous ses biens à l'autre. Tous deux ont péri le même jour; tous deux ont été engloutis dans les flots, et leurs biens ont passé entre les mains de leurs neveux.

Que de malheurs a causés la cupidité! Combien de crimes a enfantés la soif de l'or!

Tous les momens qu'Henri IV a vécu ont été consacrés au bonheur de la France.

V.

Après les quarante ans qu'Epiménide avait dormi, dit-on, dans une caverne, il revint dans l'île de Crète, sa patrie.

Les services que j'ai autrefois reçus de vous veulent que j'excuse la conduite que vous avez tenue et les mauvais procédés que vous avez eus à mon égard.

Les malheurs que j'ai essuyés, les injures qu'on m'a prodiguées, les outrages que j'ai reçus, les affronts que j'ai soufferts, les humiliations que j'ai endurées, les calomnies qui ont été dirigées contre ma réputation, enfin toutes les persécutions qui ont pesé sur ma tête, ne m'ont pas empêché de dire toute la vérité.

Cette histoire que j'ai lue est remplie d'erreurs.

Les difficultés que vous avez rencontrées dans les participes, ont été surmontées au moyen des règles claires et simples que je vous ai données.

Chaque seconde que le temps a sonné, a signalé la dernière agonie d'un de nos semblables.

VI.

Aglaé a cueilli pour sa mère des fleurs qu'elle lui a offertes. Celle-ci les a reçues avec plaisir.

Les régles que je vous ai données vous ont-elles paru claires? Les avez-vous étudiées? Si vous ne les avez pas apprises par cœur, si vous ne les avez pas comprises, les soins que je vous ai prodigués, les momens que je vous ai consacrés, les sacrifices que vos parens ont faits en votre faveur, tout sera inutile. Vous n'acquerrez qu'une instruction superficielle.

Athènes est célèbre par les grands hommes qu'elle a produits.

Que de pays j'ai visités! Que de régions j'ai parcourues! Que de coutumes j'ai observées! Quelles différences j'ai aperçues entre les peuples que j'ai vus!

Combien de chefs-d'œuvre Raphaël n'a-t-il pas enfantés, pendant les trente-sept ans qu'il a vécu?

Quelles expéditions Alexandre a-t-il entreprises? Quelles conquêtes a-t-il faites? Quelles villes a-t-il assiégées? Quelles cités a-t-il détruites? Quelles cruautés a-t-il commises? Quelles villes a-t-il construites? Quels ouvrages a-t-il commencés? Quels empires a-t-il fondés?

DÉVELOPPEMENS DE LA RÈGLE PRÉCÉDENTE. 1°. *Appliquez la règle précédente aux verbes pronominaux qu'il faut tourner par le verbe avoir, pour s'assurer si le pronom qui les précède est leur régime direct ou indirect. Quand ils ne peuvent pas se tourner par le verbe avoir, ils sont censés avoir le pronom* pour complément direct, à moins qu'ils ne soient formés de verbes neutres.

I.

Les hommes avaient loué ; les hommes que j'avais loués ; les hommes qui avaient été loués ; les hommes qui s'étaient loués ; nous nous sommes loués ; ils se sont loués. — Les poëtes qui ont vanté ; les poëtes qui ont été vantés ; les poëtes que nous avons vantés ; les poëtes qui se sont vantés ; nous nous sommes vantés ; elles se sont vantées. — Les contrées que nos armées ont soumises ; les contrées qui se sont soumises à nos armées. — Les marchands ont été trompés ; les marchands ont trompé ; on les a trompés ; les marchands se sont trompés. — La ville qui a livré ses forts à l'ennemi ; la ville qu'on a livrée ; la ville qui s'est livrée ; les villes qui se sont livrées ; les combats qui se sont livrés. — Les princes sont flattés ; les courtisans qui ont flatté les princes ; les courtisans se sont flattés ; nous nous sommes flattés. — Les soldats ont tué ; les soldats ont été tués ; les soldats se sont tués.

II.

Nous avons terminé cette affaire ; l'affaire a été terminée ; l'affaire que j'ai terminée ; l'affaire qui s'est terminée. — Les armées se sont aguerries ; les soldats se sont aguerris. — Nous nous sommes égarés ; elles se sont égarées. — Les rois se sont succédé. — Les troupes se sont emparées de la ville. — Les coupables se sont repentis. — Les hommes ont imaginé mille systèmes ; les systèmes qu'ils se sont imaginés ; ils se sont imaginé que le monde est gouverné par deux principes opposés. — Ils se sont arrogé des droits injustes ; elles se sont arrogé des droits. — Mon frère s'est tu ; ma sœur s'est tue ; mes sœurs se sont tues. — Les athlètes se sont abstenus de vin. — Ils se sont doutés du fait ; elles se sont doutées du fait. — Nous nous sommes nui ; elles se sont nui.

III.

Mon enfance s'est écoulée avec rapidité.

Les ennemis se sont avancés jusqu'à nos portes. On les a repoussés; mais ils sont revenus plus acharnés.

Madeleine s'est repentie de ses fautes.

Ma jeunesse s'est passée dans l'amertume, et ma vieillesse s'est avancée prématurément.

Dans une courte période de temps, quatre empereurs romains se sont succédé.

Madame de Sévigné et madame de Grignan, sa fille, se sont écrit des lettres qui sont des modèles dans le genre épistolaire.

Les troupes du grand Condé ne se sont pas emparées de Lérida, malgré les talens militaires de leur général.

Les Chinois se sont servi de la boussole et de la poudre à canon avant les Européens.

Les Anglais se sont rendus maîtres du Bengale.

IV.

Les Musulmans se sont long-temps abstenus de vin; mais la loi du prophète qui le leur défend ne s'est pas toujours observée.

L'autorité que vous vous êtes arrogée est factice, si elle n'est fondée sur la justice.

Avant Jésus-Christ, les peuples s'étaient égarés dans les ténèbres de la superstition.

Les historiens se sont plu à débiter bien des mensonges.

La terre s'est livrée au désordre; les peuples se sont heurtés; les empires se sont renversés; les trônes les plus puissans se sont écroulés.

Les physiciens s'étaient imaginé que des systèmes ingénieux suffisaient pour expliquer les lois de la nature.

Les passions écartées de la carrière politique, se sont portées vers les sciences, et la sphère des idées en tout genre s'est agrandie.

2°. *Quand le participe passé est suivi d'un infinitif, il faut voir si le pronom qui précède, est le complément direct du participe ou de l'infinitif; car dans le premier cas, le participe s'accorde; dans le second, il est invariable.*

V.

Nous avons vu de beaux paysages; les beaux paysages ont été vus; les beaux paysages que j'ai vus; quels beaux paysages j'ai vus; les paysages que j'ai vu commencer.

Les livres que j'ai vus tomber; nous nous sommes vus autrefois; nous nous sommes vu attaquer à l'improviste par des brigands; ils se sont vus tomber.

Nous avons laissé nos compagnons derrière nous; nos compagnons ont été laissés en arrière; nos compagnons que nous avons laissés derrière nous; nos compagnons se sont laissé surprendre; nos compagnons se sont laissés tomber.

Les travaux sont commencés; nous avons commencé les travaux; les travaux que tu as commencés, les as-tu achevés; les travaux qui se sont commencés dernièrement, se poursuivent avec activité; les sciences que j'ai commencé à étudier; que de travaux nous avons commencés!

VI.

L'armée a été sauvée; les généraux ont sauvé l'armée; l'armée que le général a sauvée; l'armée qu'on a crue sauvée; l'armée s'est sauvée; l'armée qu'on a vue se sauver; l'armée que nous avons vu sauver par une manœuvre savante; l'armée qui s'est vu sauver par le général; laquelle des deux armées a-t-on vue se sauver?

La pluie que j'ai sentie; la pluie que j'ai sentie tomber; ma jambe que j'ai sentie s'engourdir; ma jambe que j'ai senti mordre; les malades que j'ai vus s'affaiblir; les malades que j'ai vu affaiblir à force de saignées; les malades que j'ai vu soigner par des médecins habiles; les malades que j'ai vus mourir. — La cloche que j'ai entendue sonner; la musicienne que j'ai entendue chanter; la cloche que j'ai crue cassée ; la cloche que j'ai cru voir tomber. — Les devoirs que je vous ai donnés à faire, les avez-vous faits ; les devoirs que vous avez eus à faire. — Les sommes que vous avez eues à recevoir. — Les enfans que j'ai envoyés se promener ; les enfans que j'ai envoyé chercher.

VII.

Les personnes que j'ai vues périr s'étaient exposées imprudemment.

La physique que j'ai commencé à étudier m'a paru offrir beaucoup d'attraits.

Les grammairiens que nous avons entendu vanter, ne nous ont pas semblé mériter la réputation qu'ils ont acquise.

Les services que j'ai voulu vous rendre, vous les avez refusés.

Cet officier avait son épée nue ; mais l'ayant laissée tomber, il fut obligé de se rendre.

Mes livres que j'ai laissé prendre, m'auraient été fort utiles dans ma captivité.

Cette tragédie n'a pas fait honneur à celui qui l'a donnée au public : on est fâché que le comité de lecture l'ait laissé représenter.

Le peu d'applaudissemens qu'a reçus l'auteur, l'ont sans doute dégoûté du théâtre.

Les ouvrages que vous avez commencé à expliquer, ont dû vous paraître bien beaux.

Que d'hommes Dieu a vus naître et mourir ! Que de générations il a vues s'éteindre ! Que de cités il a vues disparaître ! Que d'empire il a vu détruire !

VIII.

Ces nouveaux dialectes qu'on a vus depuis se répandre en Europe, furent adoptés, dès qu'on les eût connus.

Les travaux que j'ai voulu entreprendre n'ont pas réussi.

Les ouvrages que j'ai été forcé d'abandonner ont été achevés par d'autres.

Les beaux plaidoyers que nous avons lus et que nous avions déjà entendu prononcer, ont été admirés avec raison.

L'heure que j'ai entendue sonner annonce le départ.

Les journaux que j'ai entendu lire, me font présumer que le général a remporté la victoire qu'on a peut-être annoncée trop tôt.

Les hirondelles que nous avions vues s'éloigner, sont revenues dans nos régions.

Telles sont les réflexions que j'ai cru devoir vous soumettre, avant l'impression des ouvrages que vous avez terminés.

Les sciences que nous nous sommes plu à cultiver, sont préférables aux richesses.

REMARQUES. 1°. *Le participe des verbes impersonnels est invariable;* 2°. *le participe entre deux que est invariable;* 3°. *fait suivi d'un infinitif est invariable.*

Les malheurs que j'ai prévu que vous éprouveriez vous sont arrivés.

Les outrages que vous avez fait essuyer à notre famille étaient cruels; nous les avons dévorés en silence.

Les travaux qu'il a fallu entreprendre étaient plus pénibles que je ne le croyais.

Plus d'une fois il est tombé des pierres du ciel.

Il s'est trop souvent rencontré de ces ministres qui sacrifient l'Etat à leur ambition.

La comète que les astronomes avaient prédit qui paraîtrait en mil huit cent vingt-deux, doit reparaître le seize novembre mil huit cent trente-cinq.

Il a été trouvé sur le sommet des Alpes des coquillages qui attestent la présence des eaux.

Les monumens qu'ont fait élever les anciens rois d'Egypte, ont subsisté plus long-temps que leur nom.

RÉCAPITULATION.

I.

Les orgues ont été entendues; les orgues que j'ai entendues; les orgues que j'ai entendues résonner. — Les personnes que j'ai entendues parler; la personne qui s'est entendue avec moi; la musique que j'ai entendu vanter; la musicienne que j'ai entendue jouer; que de plaintes j'ai entendues; les éloges que j'ai entendu que vous m'aviez donnés. — La harpe que vous avez fait entendre; la harpe que vous avez fait résonner. — Les troupes qu'on a fait marcher; les troupes qu'on a fait défiler. — Les difficultés qu'on nous a proposées; les difficultés qu'on nous a proposé de résoudre; nous nous sommes proposé d'instruire nous-mêmes nos enfans; nous nous sommes proposés pour instruire ces enfans. — Les affaires qui se sont faites; les affaires qu'il s'est fait à la bourse.

II.

Ma sœur que j'ai vue; ma sœur a été vue; ma sœur qui s'est vue; ma sœur qui s'est vu poursuivre par une bête féroce; ma sœur que j'ai vue poursuivre ses compagnes. — Que d'hommes j'ai vus. — Que de choses j'ai vu faire; que de choses j'ai vues se passer dans cette maison. — Il s'est vu des hommes (il s'en est vu peu, il est vrai, mais il s'en est vu) qui ont égorgé ceux de qui ils tenaient la vie. — Les peines que j'ai vu que vous vous étiez données.

Les ennemis se sont laissé surprendre. — Les chaleurs qu'il y a eu cette année. — Les précautions que j'ai cru devoir prendre. — Les voleurs qu'on a fait arrêter. — Les précautions qu'il a fallu prendre. — Les sommes qu'il aurait fallu payer. — Les chagrins que vous avez voulu me causer. — Les années que nous avons vécu ensemble. — Les services que j'ai pu vous rendre. — Les malheurs que j'ai pressenti qui arriveraient; les malheurs que j'ai prévu qui arriveraient.

III.

Les impressions que l'homme reçut de chaque objet, éveillant par degré ses facultés, développèrent par degré son entendement.

Des troupeaux d'animaux boudissans fouleront cette terre jadis impraticable.

Chaque jour je trouvais sur ma route des champs abandonnés, des villages désertés.

Ces palais sont devenus le repaire des bêtes fauves.

Les temples se sont écroulés, les palais sont renversés, les ports sont comblés.

Quelles idées basses ont-ils conçues du plus élevé des êtres !

Pourquoi tant de villes se sont-elles détruites ? Pourquoi cette ancienne population ne s'est-elle pas reproduite ?

Ah ! comment s'est éclipsée tant de gloire ! comment se sont anéantis tant de travaux.

Les ruisseaux se sont-ils taris, et les plantes sont-elles privées de semences et de fruits ?

Comment tant d'élans sublimes se sont-ils mélangés de tant d'égaremens ?

La cupidité s'est rendue la cause de tous les maux qui ont désolé la terre.

De la multitude des félicités particulières s'est composée la félicité publique.

IV.

La nature s'est trouvée dans différens états : la surface de la terre a pris successivement des formes différentes.

Ce qui fait que nous ne sommes point étonnés de toutes ces merveilles, c'est que nous sommes nés dans ce monde de merveilles, que nous les avons toujours vues, que notre entendement, nos yeux y sont également accoutumés.

Les cygnes cherchent à captiver les regards et les captivent en effet, soit que, voguant en troupes, on voie de loin, au milieu des grandes eaux, cingler la flotte ailée, soit que, s'en détachant et s'approchant du rivage aux signaux qui les appellent, ils viennent se faire admirer de plus près, en étalant leurs beautés et développant leurs grâces par mille mouvemens doux, ondulans et suaves.

Au milieu de ces sons discordans d'oiseaux criards et de reptiles coassans, s'élève par intervalle la grande voix du kamichi.

V.

César pleurait sur les triomphes qu'il avait lu qu'Alexandre avait obtenus.

Une douleur que nous n'aurons éprouvée qu'une fois, qui n'aura duré que quelques instans, sera bientôt oubliée.

La nature elle-même s'est plu à doter l'Italie et la Grèce de dons à peu près semblables.

Quelle gloire pour les lettres d'avoir épargné au pays qui les a cultivées, des maux dont ses législateurs, ses magistrats et ses capitaines n'auraient pu les garantir.

La tragédie d'Héraclius est si compliquée, que ceux-mêmes qui l'ont vu représenter ont encore de la peine à la comprendre.

Les éclairs, les feux dévorans,
Font luire devant lui leur flamme étincelante,
Et ses ennemis expirans
Tombent de toutes parts sous la foudre brûlante.

. . . .

Charmante Sévigné, quels honneurs te sont dûs !
Tu les a mérités et non pas attendus.

VI.

Pendant les trente-sept ans qu'a vécu Raphaël, combien de chefs-d'œuvre n'a-t-il pas enfantés ? et combien n'en aurait-il pas encore produits, si la mort n'avait brisé ses pinceaux en terminant sa carrière.

Aimez toujours vos parens, et souvenez-vous de la peine qu'ils ont eue à vous élever.

Les six heures qu'a dormi le malade, lui ont été salutaires.

Les détails que j'ai entendu raconter sur la vie de Santeuil, m'ont toujours paru singuliers.

Hésiode fit usage des fables qui depuis long-temps étaient reçues dans la Grèce.

Quelle que fût la faiblesse d'Anchise, quelques privations qu'il eût à souffrir, quelque terribles que fussent les dangers qu'il eut à courir, ce vieillard accompagna son fils dans tous ses voyages.

VII.

On ne voit presque jamais Pygmalion. Ses amis mêmes n'osent l'aborder de peur de lui devenir suspects. Une garde terrible tient toujours des épées nues et des piques levées autour de sa maison. Trente chambres qui communiquent les unes aux autres, et dont chacune a une porte de fer avec six gros verrous, sont le lieu où il se renferme.

Les Romains rendaient meilleurs les pays qu'ils prenaient, en y faisant fleurir la justice, l'agriculture, le commerce, les arts même, après qu'ils les eurent une fois goûtés.

Nous passâmes la nuit, tremblans, à demi-morts, sans savoir où la tempête nous jetait.

L'envie et la haine s'unissent toujours et se fortifient dans un même sujet.

La liberté que se figuraient les Grecs était une liberté soumise aux lois, à la raison même reconnue par tout un peuple.

De quelques faveurs que la fortune vous comble, à quelques dignités qu'elle vous élève, quelques trésors qu'elle vous prodigue, vous ne serez jamais heureux si vous n'avez la paix du cœur.

VIII.

La terre se terminait par des falaises jaunes, ondées de noir, qui surplombaient une grève où nous voyions et où nous entendions se briser les flots.

Sans la peur, nous aurions été les plus heureuses gens du monde.

Personne, dit Socrate, n'ignorait plus les arts que moi : personne n'était plus convaincu que les autres possédaient de fort beaux talens.

Telles gens qui ont été heureux dans leur jeunesse, sont malheureux dans la vieillesse.

Les Arabes marchaient nu-pieds.

Dieu dit : J'ordonne aux Samoïèdes de se vêtir de peaux de rangifères et d'en manger la chair, tout insipide qu'elle est.

J'embrassai ma sœur qui était toute baignée de larmes; mais je n'en versai point; car la douleur m'avait rendu presqu'insensible.

On est étonné quand on lit (ce qui néanmoins est certain) que le lac Mœris avait de tour environ cent quatre-vingts lieues.

A la bataille de Marathon, l'armée persanne perdit environ six mille quatre cents hommes; celle des Athéniens, cent quatre-vingt-douze héros.

On compte quarante-six milles depuis Joppé jusqu'à Béthléem.

L'an mil sept cent quatre-vingt-quatre, la Russie réunit la Crimée à son empire.

TROISIÈME PARTIE.

EXERCICES SUR LA RÈGLE DE DÉRIVATION.

SYLLABES FINALES.

Le meilleur moyen de bien écrire un mot isolé est de consulter la dérivation. On reconnaît qu'il faut écrire plomb *avec un b à la fin, parce qu'il y en a un dans les dérivés* plomber, plombier, plomberie.

Lorsqu'un mot a plusieurs dérivés, il faut se guider sur le plus voisin.

I.

Un abricot (abricotier) excellent (excellente) (1). — Un

---

(1) On a placé les dérivés entre parenthèses, à côté des primitifs.

fruit (fruitier) exquis (exquise).—Un accord (accorder) parfait (parfaite). — Un enfant (enfantin) adroit (adroite).— Un bavard (bavarder) inconséquent (inconséquente).— Un brigand (brigandage) scélérat (scélérate). —Un combat (combattre) sanglant (sanglante).— Un froid (froide) subit (subite). — Un habit court (courte). — Un récit (réciter) plaisant (plaisante).—Un vent (venter) violent (violente). —Un grand (grande) profit (profiter). — Un avis (aviser) prudent (prudente). — Un bras (brassée) démis (démise).— Un marquis (marquise) opulent (opulente). — Un mauvais (mauvaise) soldat (soldatesque).— Un lourd (lourde) tribut (tributaire). — Un moment (momentané) opportun (opportune).— Un gant (ganter) étroit (étroite). — Un esprit (spirituel) fort (forte). — Un parfum (parfumer) odoriférant (odoriférante). — Du bois (boiserie) vernis (vernissé). — Un concert (concerter) charmant (charmante). — Un mauvais (mauvaise) argument (argumenter). — Le premier (première) rang (ranger). — Un tapis (tapisser) vert (verte).—Un profit (profiter) tout (toute) net (nette). — Un enfant (enfantin) idiot (idiote).

II.

Un sang (sanglant) épais (épaisse). — Avoir du bon sens (sensé). — Un cent (centaine) d'œufs. — Un champ (champêtre) fécond (féconde). — Le chant (chanter) du rossignol. —Faire un emprunt (emprunter). — Faire un écrit (écrite). — Tramer un complot (comploter).—Un style concis (concise).—Un arpent (arpenter) de terre. — Ce cheval va au galop (galoper). — Celui-ci va au trot (trotter). — Manger du hareng (harengère). — Donner un coup de poing (poignée).—Prévenir un accident (accidentel). — Prendre du chocolat (chocolatière). — Etre en retard (retarder). — Froncer le sourcil (sourciller). — Porter un fusil (fusilier).—Mettre quelque chose sur le gril (griller). — Gagner de l'argent (argenté). — Un habit gris (grise). —Cela a déjà été dit (dite). — Cela me coûte dix (dixaine) sous. —Cela me coûte cinq (cinquième) sous. — Saint (sainte) Pierre. — Cet homme est-il sain (saine) d'esprit.

— Avoir le front (frontal) ceint (ceinte) de lauriers. — Cet enfant est laid (laide). — Boire du lait (laitage). — Du lard (lardé) fumé. — Un long (longue) voyage.

III.

Un lourd (lourde) fardeau. — Un trou profond (profonde). — Je suis mécontent (mécontente). — Rendre un salut (salutation).—Le cercle est rond (ronde).—Un quart (quarteron) de boisseau. — Un ragoût (ragoûter) épicé.— Monter sur le toit (toiture). — Le bord (border) de l'eau. — Attendre la balle au bond (bondir). — De bon (bonne) argent (argenter).—Le cadenas (cadenasser) est mis (mise). — Le cahot (cahoter) de la voiture. — Le canard (canardière) sauvage. — A bon chat (chatte) bon rat (rate). — Le compas (compassé) est ouvert (ouverte). — Lancer un dard (darder). — Vider un débat (débattre). — Il s'en fait un grand (grande) débit (débiter).—Arracher une dent (denture). — Un homme dévot (dévote). — Un homme dispos (disposé). — Suivre le droit (droite) chemin. — Il s'est donné un écart (écarter).—Planter un échalas (échalasser). — Il fut blessé d'un éclat (éclater) de bombe. — Le professeur érudit (érudition). — Il est exempt (exempte) de vice. — Un exploit (exploiter) glorieux.

IV.

Un fagot (fagoté) d'épines. — Se rendre garant (garantir). — Je suis indécis (indécise). — Un petit (petite) matelas (matelasser) de crin. — Chacun (chacune) aura sa part (partie). — Prendre du repos (reposer). — Des marchandises de rebut (rébuter). — Vous lui devez du respect (respecter).—Le sénat (sénateur) Romain. — Un soldat intrépide. — Ce peintre excelle dans son art (artifice).— Cette liqueur sent l'anis (anisé). — Faire amas (amasser) de provisions. — La mort (mortel) est inévitable. — Endurer un affront (affronter).—Un estomac (stomacal) débile. — Je reviens à l'instant (instantané) cueillir du persil (persillade). — Avoir un port (porter) d'armes. — Se battre au poignard (poignarder). — De l'orient (oriental) à l'occident (occidental). — Mettre le bât (bâter) à un âne. — Un naturel pervers (perverse). — Le complot est découvert (découverte). — Il a le sang (sanglant) bouillant (bouillante). — Un bruit (ébruiter) sourd (sourde). — Faire un saut (sauter). — Faire un souhait (souhaiter).

LETTRES MÉDIALES.

Souvent la règle de dérivation détermine le choix des lettres médiales. Ecrivez :

Par aim, faim à cause de famine dans lequel il y a un a.

Par ein rein, serein,		rénal, sérénité.
Par in fin, vin,		finir, vineux.
Par ai naissance,	à cause de	natal.
Par è règne, austère,		régner, austérité.
Par en immense, femme,		mesure, féminin.
Par au chaud, défaut,		chaleur, défaillir.
Par eau chapeau,		chapelier.
Par œu vœu,		voter.

I.

Le clair (clarté) de lune. — Un vieillard austère (austérité). — La chair (charnel) est faible. — Cet enfant m'est cher (chéri). — Se mettre des chimères (chimérique) en tête (têtu). — Cette grammaire (grammatical) est bien faite (facile). — Dire le contraire (contrariété) de ce qu'on fait. — Avoir un visage sévère (sévérité). — Ce notaire (notariat) est riche. — Mettre à l'enchère (enchérisseur). — C'est une expression populaire (popularité). — Se mettre en colère (colérique). — Il faut se taire (taciturne). — La terre est ronde. — Avoir de la haine (haïr) pour quelqu'un. — Ressentir de la peine (pénible). — C'est un mauvais écrivain (écrivailleur). — Cet homme est vain (vanité). — Boire du vin (vineux). — Faire fondre de la graisse (gras). — Des animaux de toute espèce (spécifique). — Courir dans la plaine (plane). — Une tasse pleine (plénitude) de lait.

II.

Un maître (magistral) de latin (latinité). — Le salpêtre (salpêtrier) s'enflamme. — Traître (trahison) à la patrie. — Ce prêtre (prêtrise) est vertueux.— Un chapeau (chapelier) de castor. — Avoir de la loyauté (loyal). — Il fait chaud (chaleur).—La beauté (belle) est éphémère (éphéméride).— Acheter un couteau (coutelier). — Aspirer à la royauté (royal).— Prendre des oiseaux (oiseleur).—Faire un faux (falsifier). — Percer un tonneau (tonnelier). — Avoir faim (famine).— Etre à la fin (finir) de sa besogne. — Couper du pain (paner).—Avoir mal aux reins (rénal).— Des mœurs (moral) irréprochables. — Accomplir un vœu (voter). — Des œufs (ovipare) à la coque. — Avoir mal à l'œil (oculaire). — Le bœuf (bouvier) gras (grasse). — Etre fidèle (fidélité) à sa parole. — Un homme intègre (intégrité). — Un morceau (morceler) de pain. — Aller en bateau (batelier). — Le jour baisse (bas). — Faire une bonne œuvre (opérer). — Le bourreau est inhumain (humanité). — Le devin (deviner) est menteur.

III.

Ce pain est si bien peint sur ce tableau, que les oiseaux s'approchent pour le becqueter.
Le pin et le sapin croissent sur les monts les plus élevés, et bravent la fureur des vents les plus violens.
En jouant à pair ou non, il perd tout son argent.
Les deux font la paire.
La peau de l'âne fait des parchemins et des tambours.
Il faut mettre ce plant de vignes sur un terrain dont le plan soit incliné.
Le rat a le poil raz.
Le trot de ce cheval me fatigue trop.

IV.

Le seing est contrefait.
Il tourne le poignard dans mon sein.

Lycurgue voulait un esprit sain dans un corps sain.
Le Saint-Esprit est prodigue de ses dons.
Nous avons cinq sens : la vue, l'ouie, l'odorat, le goût et le tact.
Attachez la chaîne à cette poutre de chêne.
Nos enfans sont notre chair, notre sang ; combien ils doivent nous être chers !
Le chant grégorien qu'on appelle plain-chant est grave et imposant.
Ces champs sont pleins de froment.
Il est clair et évident que vous avez fait un pas de clerc.
Mettez les coings dans le coin du fruitier.
Le coup que j'ai reçu sur le cou a été bien violent.
Combien coûte cet acte : le coût en est de vingt sous.
Cette couturière coud à merveille.

V.

Le ruisseau qui court à l'extrémité de ma cour a un cours très-rapide.
Damoclès craint la mort, dès qu'il voit au-dessus de sa tête une épée suspendue par un crin de cheval.
La carie se met dans les dents d'en haut.
Le vrai chrétien qui regarde Dieu comme sa dernière fin, a faim de la parole de vie. Il ne feint point.
J'aime cet enfant que j'ai tenu sur les fonts du baptême : je connais le fond de son cœur.
Le lait de chèvre est plus balsamique que le lait de vache.
Jamais personne ne fut plus laid qu'Esope : jamais personne n'eut plus d'esprit.
Un parent qui m'aimait beaucoup m'a laissé un legs considérable.
Saint Maur était noir comme un maure d'Afrique. Il disait à son cheval : si tu mords ton mors, tu es mort.

VI.

Théoclès était un vieillard encore vert : il avait le regard scrutateur, un visage austère, le port noble et imposant. Placé par sa naissance dans une sphère élevée, ayant constamment occupé les postes les plus éminens de l'Etat, il avait l'abord froid, et l'air fier et hautain. Mais il suffisait de le voir de près et de l'entendre quelques instans, pour se sentir attiré vers lui par je ne sais quel charme secret. Ses discours étaient si éloquens, son ton si insinuant, son langage si vrai, qu'il se rendait maître de l'esprit de ses auditeurs. L'effet qu'il produisait était si prompt et surtout si puissant, qu'après l'avoir abordé avec une espèce de crainte mêlée de respect, on ne le quittait qu'avec regret. Du reste, quoique sévère pour lui-même, il était indulgent pour les autres : son cœur était ouvert à tous les sentimens de la nature : ses mœurs étaient douces et paisibles.

VII.

Chaque sens est un instrument dont l'enfant apprend à se servir dès l'âge le plus tendre.

Voyez ces solitaires qui, par de saints motifs, renoncent à se nourrir de toute chair et se livrent à tous les excès de l'abstinence. Confinés dans ces tombeaux vivans où l'on ne respire que la mort, le teint blafard, l'œil éteint, ils ne jettent autour d'eux que des regards languissans, et leur existence semble ne se soutenir que par efforts.

L'enfant qui vient de naître est une image de misère. Il est dans les premiers temps si faible, que sa vie incertaine paraît à chaque instant être à sa fin. Il ne prend place dans l'espèce humaine que pour en partager les peines.

C'est par l'examen de divers sujets, par un grand exercice de l'art du dessin, et par un sentiment exquis que les grands statuaires sont parvenus à faire ces belles statues que, d'un commun accord, on a regardées comme les modèles les plus exacts du corps humain.

VIII.

L'ancien et le nouveau Testament ont tous deux le

même dessein. L'un prépare le chemin de la perfection, l'autre le montre à découvert; l'un pose le fondement, l'autre achève l'édifice.

Les volcans renferment dans leur sein des matières qui servent d'aliment à un feu souterrain, et dont l'effet est souvent plus violent que celui du tonnerre.

L'Arabe, au lieu de respecter ses déserts, qui assurent son repos et sont les remparts de sa liberté, les souille par ses forfaits.

L'Arabe part avec ses chameaux; arrive tout-à-coup aux confins du désert, arrête les premiers passans, et s'enfuit après avoir chargé ses chameaux de son butin.

Les chats sont des domestiques infidèles; quoiqu'ils soient gentils, quand ils sont jeunes, ils ont un caractère faux, un naturel pervers que l'âge ne fait qu'augmenter.

FIN.

TABLE.

PREMIÈRE PARTIE.

	Pages.
Exercices sur la formation du pluriel dans les noms et les adjectifs,	1 à 5
Exceptions à la règle générale de la formation du pluriel,	6 à 13
Pluriels à remarquer,	13
Récapitulation sur les pluriels,	14, 15, 16
Exercices sur la formation du féminin dans les adjectifs,	17, 18
Exceptions à la règle générale de la formation du féminin dans les adjectifs,	19 à 24
Récapitulation sur les féminins,	24, 25
Exercices sur les verbes : Première conjugaison,	26, 27
Deuxième conjugaison,	28, 29
Troisième conjugaison,	29, 30
Quatrième conjugaison,	30 à 34
Récapitulation sur les quatre conjugaisons,	34, 35
Exercices à volonté sur les personnes, les temps et les modes des verbes,	36, 37
Verbes à remarquer,	38 à 41
Récapitulation générale,	41 à 45

DEUXIÈME PARTIE.

EXERCICES SUR QUELQUES RÈGLES DE LA SYNTAXE D'ACCORD.

Accord de l'adjectif avec le nom,	46, 48
Accord du verbe avec plusieurs sujets,	48, 50
Accord de l'adjectif avec *personne*, *quelque*	

TABLE.

Pages.

chose et *gens* ; de *nu* et *demi* ; de *tout* ; de *quel-*
que, *quel*, *quelle que* ; de *même* ; cent et *vingt* ;
de *mille* ; et de *le*, *la*, *les*,   50 à 64
Accord du verbe avec *qui*, avec les *collectifs*,
   avec *ce*,   64 à 75
De l'adjectif verbal et du participe présent,   75 à 78
Du participe passé,   78 à 88
Récapitulation sur les participes,   88 à 93

TROISIÈME PARTIE.

EXERCICES SUR LA RÈGLE DE DÉRIVATION.

Syllabes finales,   93 à 96
Lettres médiales,   96 à 100

FIN.

www.ingramcontent.com/pod-product-compliance
Lightning Source LLC
Chambersburg PA
CBHW070249100426
42743CB00011B/2201